Klaus Mackowiak

Die häufigsten Stilfehler

und wie man sie vermeidet

Verlag C. H. Beck

Originalausgabe

© Verlag C. H. Beck oHG, München 2011
Satz: Fotosatz Reinhard Amann, Aichstetten
Druck und Bindung: Druckerei C.H. Beck, Nördlingen
Umschlagabbildung: © Jussi Steudle
Umschlaggestaltung: malsyteufel, Willich
Printed in Germany
ISBN 978 3 406 61359 3

www.beck.de

Inhalt

40 *Obwohl sie überhaupt nicht auffiel, als sie, nachdem es inzwischen voll geworden war, zwanzig Minuten später reinkam, sah ich sie sofort, wie sie reinkam mit einem ganz angespannten Gesichtsausdruck und einer bemüht stolzen Haltung, der zum Trotz sie klein und verletzlich wirkte. Sie suchte mich, und nachdem ich sie angeschaut hatte, sah ich zu Verena, die an der Bar stand*
versus:
Zwanzig Minuten später kam sie rein. Es war inzwischen voll geworden, sie fiel überhaupt nicht auf, dennoch sah ich sie sofort. Sie kam rein mit einem ganz angespannten Gesichtsausdruck und einer bemüht stolzen Haltung. Sie wirkte klein und verletzlich. Sie suchte mich, ich schaute sie an und sah dann zu Verena, die an der Bar stand

41 *Jemand sehr Gutgläubiges ist auch unsere Oma. Irgendein Vertreter hat ihr schon wieder einen Staubsauger aufgeschwatzt*
versus:
Jemand sehr Gutgläubiges ist auch unsere Oma. Sie hat schon wieder [von irgendeinem Vertreter] einen Staubsauger aufgeschwatzt bekommen

45 *Aufgrund der gemäß BGB und der entsprechenden HausratsVO des BGB und des FamFG vorzunehmenden Zuordnung des Streitgegenstandes zum Hausrat ist der Streitgegenstand grundsätzlich durchaus dem gemeinsamen nach der Scheidung aufzuteilenden Miteigentum zuzurechnen*
versus:
Rechtlich sind die Leguane durchaus zum gemeinsamen Hausrat zu zählen und gehören daher Ihnen und Ihrem Exehemann gemeinsam

Einleitung

Stil hat jeder Mensch – immer. Stil haben auch alle seine Handlungen – immer. Denn bei Stil handelt es sich schlicht um das Wie von Handlungen – nicht selten auch um das Wie der Ergebnisse: Wie man als Architekt entwirft, schlägt sich im Ergebnis, dem Gebäude nieder, wie man malt, im Gemälde, wie man komponiert, im Lied und wie man schreibt, eben im Text. Und schließlich ordnet man Gruppen, Schichten, ja ganzen Epochen einen Stil zu handeln zu: Romantik, Jugendstil, Amtsdeutsch, Szenesprache und Ähnliches. Aber ganz egal, was wer wann wo auch immer tut, er kann gar nicht anders, als es mit Stil zu tun – und es sei es mit schlechtem. Denn um ein Wie kommen alle unsere Handlungen nicht herum. Es kann hier also nicht einfach um Stil gehen, sondern nur um guten Stil, zumindest um für Alltagszwecke hinreichenden.

Stil zeigt sich, er blüht nicht im Verborgenen. Allerdings: Was sich an Stil zeigt, speist sich aus ganz unterschiedlichen Quellen. Das meiste von dem, was wir tun, tun wir in eben der Art, wie wir es tun, weil das schlicht unserer Zeit, unserer Epoche entspricht. Einiges tun wir so, weil es der gesellschaftlichen Schicht entspricht, der wir zugehören. Einiges ist unserem Lebensalter geschuldet, einiges unserem Beruf – und vielem, vielem mehr. Das alles ist in großem Maße (lebens)historisch bedingt. Einiges aber – weniger, als man denkt – ist individuell.

Da wir ja zunächst und zumeist ungefragte Mitläufer unserer Zeit sind, unserer Schicht, unserer Generation etc., eignen wir uns deren Stilprägungen auch mehr oder weniger unhinterfragt an. Das heißt: Wir zeigen Stil, setzen ihn aber meist nicht bewusst ein. Damit sagt der Stil unserer Handlungen stets etwas über uns – verrät uns im schlimmsten Falle: «Der Stil ist die Physiognomie des Geistes» (Schopenhauer). Eher selten setzen wir Stil bewusst ein. So etwas wie Stil bewegt sich mithin stets zwischen den Polen
- unbewusst – bewusst
- normbezogen – individuell

In der Sprache wird das Individuelle von Stil dadurch kontrolliert und eingeschränkt, dass die jeweilige kommunikative Funktion zumindest halbwegs erfüllt sein muss – das liegt im wechselseitigen Interesse von Autor und Adressaten. Und da wir die Rollen von

Autor und Adressat ständig wechseln, können wir diese Erwartung, die kommunikativen Funktionen zu erfüllen, auch schlecht abweisen. Man geriete andernfalls in einen sogenannten performativen Widerspruch: Das, was ich vom anderen erwarte, würde ich selbst nicht erfüllen. Gewisse sprachhistorisch erreichte funktionsspezifische Standards müssen also erfüllt werden.

Und genau darum geht es in diesem kleinen Buch zum Schreibstil: Hinweise zu geben, welche Möglichkeiten, welche Standards unser Sprachsystem für welche kommunikativen Funktionen bereitstellt. Wir geben mithin Tipps, wie man diese Standards erfüllen kann – und zwar besser elegant als weniger elegant. Solche Tipps können sich nur am Stand der Dinge orientieren. Aber selbstverständlich: Das Wort «Stand» ist in Sachen Sprache, in Sachen Schreiben von vornherein ein wenig zweifelhaft. Denn sie entwickelt sich laufend, unsere Sprache. Und die Standards von heute sind Altbackenheiten von morgen. Indem wir immer wieder – mal hier ein wenig, mal dort – von diesen Standards abweichen, treiben wir selbst diese Entwicklung voran. Also schärfer: Der Stilfehler von heute gehört – vielleicht – zum Standard von morgen.

Bei Abweichungen vom Standard ist also zu fragen: Handelt es sich bei einer Abweichung um eine produktive, d. h. um eine, die sich der Erkenntnis oder dem sicheren Gefühl verdankt, dass der aktuelle Standard nicht mehr ganz einer Funktion entspricht, die sich gewandelt hat? Geht also die Abweichung über den bisherigen Standard hinaus, entwickelt ihn weiter? Oder handelt es sich um eine Abweichung, die dahinter zurückbleibt?

In diesem Buch kann es allein darum gehen, einige der aktuell halbwegs akzeptierten Standards in Sachen Schreibstil vorzustellen. Es geht also hier nicht darum, vorzuschreiben oder auch nur vorzuschlagen, wie man schreiben sollte. Es geht allein darum, einiges von den erreichten Standards wiederzugeben, als Orientierungshilfe. Dabei beschränken wir uns auf einen akzeptierten Kernbestand. Es geht hier – um unsere Polpaare von oben wiederaufzunehmen – um bewusst eingesetzten, normbezogenen Stil. Auf dass nicht allzu viele unserer stilistischen Normabweichungen sich als solche herausstellen, die bloß hinter dem Standard hinterherhinken.

Darüber Hinausgehendes, eher Schöpferisches, überlassen wir der Kommunikationsgemeinschaft von Autoren und Adressaten, deren Gespür für das Notwendige, ihrer Kreativität und ihrem Mut zur Veränderung (obschon das eine sehr spannende Geschichte wäre – aber eben nicht mehr die dieses Buches).

1 So mündlich wie möglich, so schriftlich wie nötig.
Der schmale Grat der Schriftlichkeit

Stilfehler im Besonderen träten oft gar nicht erst auf, wenn dem Autor von vornherein einige allgemeine Dinge bewusst wären oder wenn er sie sich zumindest vor dem Schreiben bewusst machte. Zu diesen ganz allgemeinen Dingen zählt z. B. der Unterschied zwischen Mündlichem und Schriftlichem.

Warum eigentlich kann man sich herausreden, aber nicht herausschreiben?

Nun, wer schreibt, hat meist keinen direkten Ansprechpartner vor sich, der ihm eine solche Notwendigkeit signalisieren könnte (von Situationen wie Internetchat einmal abgesehen). Autor und Adressat teilen meist nicht den gleichen Ort und die gleiche Zeit miteinander. Beim Reden dagegen befinden sich Autor und Adressat normalerweise in der gleichen Zeit und (von Situationen wie Telefonat einmal abgesehen) am gleichen Ort.

Nichtsprachliche Mittel

Im persönlichen Gespräch nimmt man viel mehr wahr als allein die ausgesonderten Worte. Was man da nebenbei mitbekommt, kann wie die Worte ebenfalls lautlicher Natur sein, z. B. Variationen in der Stärke oder Höhe der Stimme, im Sprechtempo und in der Sprechmelodie, in der Aussprache usw. Nennen wir das die parasprachlichen Aspekte der Kommunikation. Und diese willkürlich oder meist unwillkürlich eingesetzten Mittel sagen häufig mindestens so viel aus wie die Worte, oft mehr. Nicht selten widersprechen sie dem Gesagten. Und mit diesen Mitteln «spricht» auch der, der zunächst nur zuzuhören scheint: Ein verzweifelter Seufzer: Was kann der nicht alles verraten? Oder ein leichtes Hüsteln? Gar ein kaum unterdrücktes Gähnen?

Neben diesen nichtsprachlichen, aber immerhin lautlichen Aspekten spielen etliche außersprachliche eine Rolle: Gesichtsausdruck, Gestik, Körperhaltung usw. Sie können dem Sprecher stumm erzählen, wie das Gesagte beim Gegenüber ankommt. Runzelt der etwa mit der Stirn, müssen wir wohl davon ausgehen, dass er etwas nicht ganz verstanden hat oder es nicht so toll findet. Wenn der Gesprächspartner ins Schwitzen kommt, scheinen wir ihn argumentativ ganz schön in die Enge getrieben zu haben. Wir können uns unzählige, auch viel feinsinnigere Beobachtungen zunutze machen und wir können in Redesituationen auch durch diese außersprachlichen Ausdrucksformen auf eine eigene Weise verstanden werden. Und wir können Außersprachliches bewusst einsetzen, um das Gesagte zu verstärken oder zu untermalen.

All diese para- und außersprachlichen Ausdrucks- und Deutungsmöglichkeiten stehen dagegen bei der schriftlichen Kommunikation nicht zur Verfügung. Autor und Leser nehmen sich ja (in der Regel) nicht persönlich wahr. Autor und Leser teilen – normalerweise – nicht Ort und Zeit.

Dialogsituation

Beim Reden und Hören befindet man sich – normalerweise – in einer Dialogsituation. Im Dialog kann man reagieren, auf den Sprecher wie auf den Hörer. Vielleicht hakt der Hörer ein: «Das ist mir nicht klargeworden» oder «Dieses und jenes überzeugt mich nicht recht». Dann kann der Sprecher nachbessern, wenn er mag. Das tut er in Regel auch schon automatisch, wenn er para- oder außersprachliche Signale des Hörers empfängt. So könnte der Sprecher z. B. seine Argumente noch einmal klarer darlegen, wenn sich die Augen des Hörers verdächtig zusammengezogen und die Stirnhautpartien in Wellen gelegt haben. Sprecher und Hörer reagieren wechselseitig laufend auf ausgesprochene oder anders ausgedrückte Billigung oder Missbilligung, auf Verständnis oder Unverständnis, auf vieles mehr – und das bei ständigem Wechsel der Sprecher-Hörer-Rolle. (Natürlich gibt es auch mündliche Kommunikation, die nicht dialogisch ist, man denke etwa an Reden, an Radio- oder Fernsehvorträge usw.)

Die sprachlichen Mittel

Im Gespräch vermittelt und versteht man eine ganze Menge über andere Kanäle als über den des Gesprochenen. Verständnis, Überzeugungskraft, Wahrhaftigkeit, Wahrheit der Rede und vieles mehr werden über vielfältige Wege direkt kontrolliert. Die Ansprüche an Klarheit und Korrektheit des Gesprochenen selbst können daher weit geringer gehalten werden, als sie es bei Geschriebenem sind: In einem normalen Gespräch sind die sprachlichen Äußerungen auch versierter Sprecher meist durchaus nicht durchgehend grammatisch korrekt und schon gar nicht allein für sich genommen hinreichend klar. Man vermittelt und versteht eben zusätzlich noch auf andere Weisen und kann im Zweifelsfall nachhaken.

Schreiben

Beim Schreiben teilen Autor und Leser weder Ort noch Zeit. Meist (von Internetchats und Ähnlichem mal abgesehen) befindet sich der Leser an einem anderen Ort und in einer anderen Zeit als der Autor. Dadurch entfallen in der schriftlichen Kommunikation die vielfältigen parasprachlichen und außersprachlichen Mittel, die Sprecher und Zuhörer zusätzlich zum rein Sprachlichen zu Gebote stehen. Zudem müssen Schreiber und Leser auf die Möglichkeit verzichten, durch wechselseitiges Rückfragen den Erfolg der Kommunikation laufend zu kontrollieren.

Monologsituation

Ein Schreiber ist also zunächst einmal alleingelassen. Denn die Schreibsituation zeichnet sich dadurch aus, dass Schreiber und Leser örtlich und zeitlich getrennt sind und dass der Leser eines Textes in den allermeisten Fällen anonym ist. Das heißt: Der Schreiber muss viele Zusammenhänge eigens erläutern, die Gesprächsteilnehmern aufgrund der gemeinsamen Gesprächssituation und aufgrund ihrer Kenntnisse über den/die anderen Teilnehmer von vornherein klar sind.

So sind für ein Gespräch kurze zusammenfassende Ausdrücke ganz typisch: *hier, jetzt, morgen* usw. Solche Ausdrücke sind nur in einer gemeinsam geteilten Situation unmittelbar verständlich, nicht unbedingt aber in Schriftlichem.

Die Mittel des Schreibens

Von einem geschriebenen Text wird ein weitaus höheres Maß an Korrektheit verlangt, was Grammatik und Rechtschreibung angeht. Schreiben verlangt auch ein größeres Maß an Exaktheit und Ausführlichkeit. Der Schreiber muss sich also in die Lage des Lesers versetzen, um vorwegzunehmen, was der Leser alles mitgeteilt bekommen muss, damit die Textfunktion erfüllt ist. Zurückfragen kann der Leser ja nicht. Ein schriftlicher Text hat mithin expliziter zu sein als ein mündlicher.

Aber gerade weil das Schriftliche sowieso schon ausführlicher sein muss als das Mündliche, mögen wir es als Leser gar nicht, wenn ohne Not mehr geliefert wird, als sein muss. Das kostet nur wertvolle Lebenszeit. Ein schmaler Grat: «So viel wie nötig, aber so knapp wie möglich!» Diesen schmalen Grat sollte ein Autor treffen. Auch darum geht es beim treffenden Ausdruck.

2 Überlegt schreiben. Was will ich, was der Leser und wie ist die Schreib-Lese-Situation?

Andere allgemeine Überlegungen, die, so angestellt, bestimmte Stilfehler gar nicht erst entstehen lassen, betreffen die fürs Wie des Schreibens vorentscheidenden Fragen: Was? Wem? Unter welchen Umständen?

Wie man jemanden dazu bringt, überhaupt etwas Geschriebenes in die Hand zu nehmen und darauf in entziffernder Absicht zu schauen, wie man also den primären Lesewiderstand überwindet (mit List, Bestechung, vorgehaltener Waffe oder wie auch immer), das gehört zu den unendlich vielen Themen, mit denen sich dieses Buch nicht beschäftigen wird. Beschäftigen wird sich dieses Buch vielmehr damit, wie man so attraktiv schreibt, dass der Leser, so er erst einmal – warum auch immer – angefangen hat zu lesen, nicht wieder sogleich aufhört.

Dieses Wie hat vor allem damit zu tun,
- was man mit seinem Text beabsichtigt (Textfunktion)
- mit was für einem Leser man es zu tun hat (adressatenorientiert schreiben)
- wie die Umstände aussehen, unter denen der Text seine Leser erreicht (situationsangemessen schreiben)

3 Zielorientiert schreiben: Texttypologie – Textsorten – Textmuster

Wer spricht oder schreibt, tut etwas. Man redet auch von Sprechhandlungen. Sprechhandlungen sind etwa: Aussage, Frage, Bitte, Aufforderung, Versprechen u. a. Sprechhandlungen vollziehen sich in der Regel in Sätzen: *Annelie hat fantastisch gespielt. – Hat Annelie wirklich fantastisch gespielt? – Bitte spiel doch auch mal für unsere Gemeinde, Annelie. – Annelie, spiel das Scherzo mal etwas schneller! – Wir versprechen dir hoch und heilig, Annelie, dein Konzert direkt in der nächsten Ausgabe auf der ersten Seite zu besprechen.*

Wer spricht oder schreibt, will aber auch etwas: Er hat – hoffentlich – eine Schreibabsicht. Die Absicht zeigt sich in der Regel in Texten. Und Texte bestehen nur in Grenzfällen aus einem einzigen Satz. Dabei kann mit einer Frage wie *Bist du jetzt total bescheuert?*, mit einer Sprechhandlung also, durchaus eher die Absicht verbunden sein, einer Verwunderung Ausdruck zu geben, als die, eine Information einzufordern.

Für bestimmte Absichten haben sich im Schreiballtag bestimmte Schreibmuster bewährt, die in einem mal mehr, mal weniger engen Rahmen vorgeben, wie man eine Absicht schriftlich umsetzt. Solche Muster nennt man Textsorten. Textsorten, die einen vergleichsweise engen Rahmen vorgeben, sind zum Beispiel: Rechnung, Schulzeugnis, Masterurkunde, Antragsformular u. a. Hier muss man sich nicht allzu viele Gedanken machen, wie man seine Schreibabsicht umsetzt. Das sieht schon ganz anders aus bei Textsorten, die einen eher weiten Rahmen vorgeben, zum Beispiel: Werbeschreiben, Ansichtskarte, Gedicht, Rezension u. a.

Wenn sich da ein Autor nicht von vornherein hinreichend über seine Schreibabsicht, die Funktion seines Textes, im Klaren ist, sind stilistische Unsicherheiten – sagen wir getrost: Fehler – schon fast zu erwarten. Denn nicht jedes Stilmittel passt zu jeder Schreibabsicht. Daher vor dem Schreiben überlegen: Was genau will ich mit meinem Text? Um was für einen Texttyp handelt es sich, um welche Textsorte?

Nach der dominierenden Absicht des Autors könnte man u. a. folgende wichtige Typen von Texten unterscheiden:

- persuasive Texte: überzeugen, überreden
  - instruktive Texte: anweisen
- deskriptive Texte (Informationstexte): beschreiben, mitteilen, informieren
  - narrative Texte: erzählen
  - expressive Texte: eigene Gefühle, Einstellungen u. Ä. ausdrücken
  - evaluative Texte: etwas bewerten
- Obligationstexte: sich verpflichten
- Kontakttexte: den Kontakt / die Kommunikation pflegen
- deklarative Texte: etwas oder jemanden zu etwas anderem machen
- ästhetische Texte: vielfach und vernetzt Deutbares anbieten

Persuasive Texte

Persuasive Texte (von lat. *persuadere* – überzeugen, überreden; ganz wörtlich: angenehm machen) machen das Gros unserer Alltagstexte aus. Denn wenn wir jemanden anschreiben, wollen wir meist etwas von ihm. Und genau darum geht es in persuasiven Texten (auch Appelltexte genannt): Der Autor signalisiert, dass er den Leser dazu bewegen will, eine bestimmte Handlung auszuführen oder eine bestimmte Einstellung einzunehmen. Dabei kann der Autor durch Argumentation überzeugen, durch verschiedene Mittel überreden (verleiten) oder (wenn die Machtverhältnisse das hergeben) ihn anweisen. Typische Textsorten sind: Rechnung, Bewerbung um eine Stelle, Hartz-IV-Antrag, Werbeplakat, Petition, Kommentar, Gesetzestext u. a.

Der Autor signalisiert die Absicht, den Leser zu einer Handlung oder Einstellung zu veranlassen,
  etwa durch Verben und Wendungen wie:
ans Herz legen, appellieren, auffordern, anordnen, beantragen, beauftragen, befehlen, bewerben, bitten, empfehlen, ersuchen, nahelegen, raten, verlangen u. a.,
mehr noch durch Imperativsätze (oder entsprechende Konstruktionen mit Infinitiv) wie: *Essen Sie sich schlank! – Besuchen Sie uns im Internet. – Frohen Herzens genießen. – Preisliste anfordern!*,

Bitten in der dritten Person: *Interessenten melden sich bei Frau Dr. Geerts* oder durch Konstruktionen mit *sollen, müssen, haben zu, sein zu* u. a.:

Deine Uarus solltest du lieber in weichem Wasser halten. – Die Angeklagte ist nach der Verhandlung sofort in Haft zu nehmen.

Etliche persuasive Texte werden eher mustergeleitet, weniger über bewusst eingesetzte Stilmittel formuliert, etwa Rechnungen oder ein Hartz-IV-Antrag. Bei einer Rechnung sichert ja schon der rechtliche Rahmen, dass für eine Leistung ein Honorar zu zahlen ist. In eine Rechnung muss man daher kaum Überzeugungsarbeit investieren.

In der Regel sieht das aber ganz anders aus. Denn meist ist der Adressat in der glücklichen Lage, sich aussuchen zu können, ob er dem Verlangen des Autors nachkommt oder doch lieber nicht. Daher muss der Autor ihn überzeugen – oder wenigstens überreden. Ein vorgehaltener entsicherter Revolver wäre da vielleicht effektiv, aber illegal, gemein und vor allem – stillos. Stattdessen werden in unserem Kulturkreis etliche Register sprachlicher Stilmittel gezogen. Sei es, um zunächst einmal die Aufmerksamkeit des Lesers zu heischen, sei es, um ihn mit präziser Argumentation zu gewinnen, sei es, um ihn emotional mitzureißen oder ihn zu unterhalten, sei es, um ihn dazu zu bewegen, sich mit dem Autor zu identifizieren.

Und zumindest, wenn es darum geht, klarzustellen, was der Leser denn nun genau tun soll, kommen auch Aspekte der Textverständlichkeit ins Spiel.

Eine besondere Form von persuasiven Texten stellen **instruktive Texte** dar. Auch mit ihnen will der Autor den Leser dazu bringen, eine Handlung auszuführen oder eine Einstellung zu übernehmen. Allerdings ist das Verhältnis von Autor und Leser so, dass der Autor weder argumentieren noch verleiten muss. Vielmehr entspricht hier der Leser der Anweisung fraglos (wenn auch nicht immer klaglos). Typische Textsorten sind: Befehl, Kochrezept, Gebrauchsanweisung, Lehrbuch u. a.

Da hier weder überzeugt noch überredet werden muss, spielen entsprechende Stilmittel keine Rolle. Vielmehr sind vor allem Aspekte der Textverständlichkeit entscheidend.

Deskriptive Texte

Deskriptive Texte (von lat. *describere* – beschreiben) begegnen uns ebenfalls sehr häufig in unserem Lesealltag. Ein deskriptiver Text (Informationstext) signalisiert der Autor dem Leser, dass er ihm ein Wissen, eine Vermutung, eine Einschätzung, eine Ahnung o. Ä. vermitteln will, ihn informieren will. Typische Textsorten sind: Nachricht, Bericht, Protokoll, Beschreibung, Diagnose, Sachbuch usw.

Wer informieren will, muss vor allem bestrebt sein, verstanden zu werden (eine eher triviale Erkenntnis, der sich allerdings Heerscharen von Verwaltungsbeamten und -angestellten, Soziologen, Linguisten und Juristen sowieso mit allen zur Verfügung stehenden Kräften verschließen). Für Einsichtigere stehen daher bei deskriptiven Texten vor allem Aspekte der Textverständlichkeit im Vordergrund, wie etwa ein sachangemessener Textaufbau, eine gedankliche Vorstrukturierung und Zwischenzusammenfassungen, eine folgerichtige Vertextung (Thema-Rhema-Entwicklung), ein leicht erfassbarer Satz- und Satzgliedbau, eine unkomplizierte Wortbildung, ein adressatenorientiertes Vokabular u. a. Zudem sind Mittel angebracht, die Abstraktes veranschaulichen, vor allem eine angemessene Bildlichkeit.

Auch mit einem **narrativen Text** (von lateinisch *narrare* – erzählen) wird der Leser informiert. Für narrative Texte typische Textsorten sind: Tratsch, Witz, Märchen, Novelle u. a. Daher ist ein solcher Text ebenfalls unter die deskriptiven Texte zu zählen, solange man wie hier die Absicht, das Ziel des Autors als übergeordnetes Kriterium ansetzt (was hier sinnvoll ist, man aber nicht unbedingt so tun muss). Dann sind narrative Texte als eine Untergruppe von deskriptiven Texten aufzufassen, die sich durch den Bezug auf zeitliche Abläufe bestimmen lässt und durch charakteristische Basiselemente der Komposition: vor allem die Komplikation und die Resolution.

Komplikation: In narrativen Texten geht es um Handlungen und Geschehnisse, die sich durch Abweichungen von Erwartungen, Normen oder Gewohnheiten auszeichnen. Man erzählt nur etwas, wenn man etwas zu erzählen hat. Und «etwas» heißt immer etwas Unerwartetes, Überraschendes, vielleicht sogar Unerhörtes.

Resolution: die situationsspezifische Reaktion auf die Komplikation, eventuell gar deren Auflösung.

Da in narrativen Texten Handlungen, Geschehnisse und Unerwartetes im Vordergrund stehen, taugt das ganze Repertoire an Stilmitteln, die dynamisieren, Betroffenheit vermitteln, Aufmerksamkeit heischen, Spannung erzeugen.

Mit einem **expressiven Text** (von lateinisch *exprimere* – ausdrücken) informiert der Autor über einen ganz besonderen Gegenstandsbereich, nämlich über den ihm privilegiert zugänglichen Bereich der eigenen Einstellungen und Emotionen. Damit kann man – von der Absicht ausgehend, mit der man schreibt – auch expressive Texte zu den «besonderen» deskriptiven Texten rechnen. Für expressive Texte typische Textsorten sind: Liebesbrief, expressives Gedicht, Äußerungen in der Psychotherapie, Wutausbruch u. a.

An stilistischen Mitteln werden vor allem solche eingesetzt, die Betroffenheit vermitteln, Aufrichtigkeit signalisieren, Abstraktes veranschaulichen (Bildlichkeit) u. a.

Nicht selten informiert der Autor doppelt: über einen Sachverhalt und gleichzeitig darüber, wie er diesen Sachverhalt bewertet. Er äußert sich also zusätzlich evaluativ: Er gibt seine Wertung preis. Typische Textsorten mit solch evaluativem Charakter sind: Gutachten, Leserbrief u. a.

Ein **evaluativer Text** (von französisch *évaluer* – abschätzen) kann den Spezialfall eines expressiven Textes darstellen, also eine schlichte Meinungsäußerung. Dann ist er rein deskriptiv. Etwa: *Nein, Herr Kollege, ich halte Grass' Novelle «Im Krebsgang» für gar nicht so dilettantisch aufgebaut.* Er kann aber auch so angelegt sein, dass der Leser die Bewertung möglichst übernehmen soll. Dann zählt der Text nicht mehr zu den deskriptiven, sondern zu den persuasiven Texten. Etwa: *Solch eine dilettantisch aufgebaute Erzählung ist es grundsätzlich nicht wert, dass welcher Leser auch immer nur eine Sekunde seiner kostbaren Lebenszeit dafür verschwendet.*

Daher sind einige Textsorten auch nicht per se entweder dem Texttyp deskriptiver Text oder dem Texttyp persuasiver Text zuzuordnen. Vielmehr hängt die Zuordnung von der Formulierung im Einzelnen ab und bisweilen auch nur vom Kontext, in dem die Textsorte eingesetzt wird. Dies gilt etwa für Textsorten wie Zeugnisse oder Rezensionen.

Obligationstexte

Mit Obligationstexten (von lat. *obligare* – anbinden, verpflichten) signalisiert der Autor dem Leser, dass er sich ihm gegenüber zu etwas verpflichtet. Typische Textsorten mit verpflichtender Funktion sind etwa: Eid, Fahneneid, Vertrag, Garantieschein, Angebot, Gelöbnis, Gelübde u. a.

Solche Texte sind meist sehr an feste Formen gebunden, ja ritualisiert. Die selbstverpflichtende Funktion wird in Regel ausdrücklich durch bestimmte Verben signalisiert: *(an-)bieten, garantieren, schwören, sich bereit erklären, sich verbürgen, sich verpflichten, übernehmen* u. a. Da diese Texte oft stark formalisiert sind, bleibt nicht allzu viel Raum für die Wahl angemessener Stilmittel.

Kontakttexte

Mit Kontakttexten signalisiert der Autor dem Leser, dass er einen persönlichen Kontakt herstellen, aufrechterhalten oder festigen möchte.

Kontakttexte stehen meist in direktem Zusammenhang mit bestimmten gesellschaftlichen Ereignissen, die es verlangen, dass der Autor dazu seine Einstellung zum Ausdruck bringt. Dabei steht allerdings nicht der expressive Aspekt im Vordergrund, sondern die Erfüllung der Konvention. Dazu zählen besonders auch Texte, in denen der Autor sein Mitfühlen (Mitenttäuschung, Mitwut, Mitfreude, Mittrauer u. a.) vermittelt. Auch für Kontakttexte haben sich oft relativ feste Formen etabliert. Auch Kontakttexte sind stark ritualisiert. Typische Textsorten sind zum Beispiel: Danksagung, Gratulation, Kondolenzbrief, Ansichtskarte (meist), Liebesbrief (wenn nicht explizit expressiv), Einladung u. a.

Als stark ritualisierte Texte bedürfen Kontakttexte im Grunde kaum ausgesuchter Stilmittel. Allerdings kann es wohl als Zeichen des Zeitstils angesehen werden, dass bei bestimmten Textsorten (Kondolenzschreiben, Antwort auf Geburtsanzeige u. Ä.) zugunsten einer persönlicheren Ansprache die Ritualisierungen mehr und mehr aufgebrochen werden. Dann sind diese Texte freilich eher den expressiven zuzurechnen.

Deklarative Texte

Mit deklarativen Texten signalisiert der Autor dem Leser, dass er durch die Äußerung seines Textes etwas in der Welt zu etwas anderem macht, z. B. eine Tochter zur Erbin oder einen Angeklagten zum einem Freigesprochenen. Typische Textsorten sind etwa: Absolution (nach Beichte), Trauungsworte (Standesamt/Kirche), Schuld- oder Freispruch, Vollmacht, Ernennungsurkunde, Formel beim Ritterschlag, Testament u. a.

Deklarative Texte sind fast immer an ritualisierte Formeln gebunden: *Hiermit erkläre ich euch zu Mann und Frau. – Ego te absolvo.* Stilistische Freiheiten hat man da nur in einem äußerst beschränkten Maße.

Ästhetische Texte

Unter einem ästhetischen Text verstehen wir einen Text, der als autonomes Kunstwerk auftritt. Ein solcher Text beansprucht, eine eigene Erkenntnis, Wahrnehmung, Einstellung oder was auch immer zu vermitteln, die sich über die Reflexion der Art der Darstellung erschließen (über die Form also), nicht allein über den vordergründigen Sinn der Sätze.

Über das Verfassen von ästhetischen Texten – etwa avantgardistischen Theaterstücken oder hermetischer Lyrik – wird man in diesem Buch nichts Spezielles finden.

4 Adressatenorientiert schreiben

Eine Selbstverständlichkeit, die nur zu oft vergessen wird: Wer schreibt, will in der Regel, dass es gelesen wird. Was denn sonst? Wer schreibt, will also etwas von den Lesern. Damit ist die Last, das Gelingen der Kommunikation zu sichern, asymmetrisch verteilt: Sie liegt viel mehr beim Autor als bei den Lesern. Der Autor wird es den Lesern so leicht oder so spannend oder so anregend wie möglich machen. Dazu wiederum sollte sich der Autor vor Augen führen, was er eigentlich alles über die Leser weiß. Wie ist die Beziehung der Leser zum Autor: Experte – Laie, Verwaltung – Bürger, Bürger – Verwaltung, Chef – Angestellte, Anbieter – potenzieller Kunde usw.?

Vor allem bei deskriptiven Texten: Wie ist das durchschnittliche Vorwissen der Leser über den behandelten Gegenstand einzuschätzen? (Schreibt man für ein interessiertes Fachpublikum oder für jedermann?)

Bei persuasiven Texten: Welche Einstellungen und Wertungen sind bei den Lesern am ehesten zu erwarten?

Gelegentlich handelt es sich beim Leser um einen Menschen, den der Autor sehr gut kennt, z. B. bei sehr persönlichen Briefen. Meistens aber geht Geschriebenes (Zeitungsartikel, Bücher, amtliche Verlautbarungen, ein Großteil der Geschäftskorrespondenz) an Adressaten, von denen der Autor nicht so sehr viel weiß. Aber wie es nicht den Menschen gibt, den man in- und auswendig kennt, gibt es auch nicht den völlig anonymen Adressaten. Und wenn man sich ein wenig Mühe macht, bekommt man schon einiges über den erst so anonym scheinenden Leser heraus. So darf wohl in einer ichtyologischen Fachzeitschrift die Bezeichnung *Stizostedion lucioperca* als angemessen, als für die Leser verständlich gelten, während der Hobbykoch in seinem Gourmet-Kochbuch mit der schlichten Bezeichnung *Zander* sicher besser bedient wäre.

Hat man sich an einen Text gesetzt, der sich an eine ganz andere Klientel richtet als die, für die man gewöhnlich schreibt, kann es durchaus klug sein, eine Liste aufzustellen, in die man nach und nach einträgt, was man so alles über die zu erwartenden Leser weiß oder gerechtfertigt vermuten darf. Am besten, man gliedert das nach dem Grade der Allgemeinheit, z. B. von deutschsprachig über leitende Angestellte und versicherungsmathematisch Versierte bis Statistikfachleute. Dann kann man aus diesen Vorüberlegungen – so gut es geht – auf das voraussetzbare Vorwissen und die Aufnahmebereitschaft der potenziellen Leser schließen.

Der Autor hat also einen Perspektivwechsel vorzunehmen, er sollte sich in die Rolle des Lesers versetzen: Wie würde ich als Leser mit entsprechenden Voraussetzungen wohl gerne angesprochen bzw. angeschrieben werden? Man schreibt also konsequent adressatenorientiert.

5 Situationsangemessen schreiben

Wirklich nicht ganz einfach: die Situation, in der ein Leser einen Text liest, zu berücksichtigen. Wer schreibt, tut dies an einem bestimmten Ort und über eine bestimmte Zeit. Wer das liest, tut dies wie oben gesagt bzw. geschrieben (von wenigen Ausnahmen abgesehen) zu einer ganz anderen Zeit und an einem ganz anderen Ort.

Das macht es für den Autor sehr schwer, die Situation einzuschätzen und darauf angemessen zu reagieren. Wer aktuell schreibt (Zeitung, Geschäftsbriefe, Werbung etc.), hat da noch die größten Chancen. Klar: Wenn ich in einer Mitarbeiterzeitschrift über die neue Fertigungsanlage berichte, werde ich ganz anders schreiben, wenn bis dahin alles reibungslos gelaufen ist, als ich schriebe, wenn die Anlage gerade wegen eines spektakulären Chemieunfalls in allen Medien wäre.

Da aber Geschriebenes recht haltbar ist, kann der Schreiber nur Voraussehbares berücksichtigen. Sicher hat sagen wir: Aristoteles nicht abschätzen können, dass eine New Yorker Punkerin in ihrem Philosophiekurs seine Kategorienschrift durcharbeitet.

6 Schreiben zum Verstehen

Wer es besonders spannend machen will, wird bewusst so schreiben, dass nicht alles unmittelbar verstanden wird. Spannend hat man es zum Beispiel in narrativen Texten ganz gern. Auch wer sich ein hermetisches Gedicht zurechtklöppelt, einen ästhetischen Text also, hat anderes im Sinn als die vordergründige Verständlichkeit seines Werkes. Wer allerdings informieren will, für den ist es mehr als angebracht, sich so verständlich wie nur möglich auszudrücken.

Für deskriptive Texte (Mitteilungstexte, Informationstexte) spielt die Textverständlichkeit sogar die zentrale Rolle – mit den genannten Einschränkungen bei narrativen Texten.

Dass diese Rolle – um im Theaterbild zu bleiben – auch immer besetzt wird oder dass sie – falls besetzt – auch gut gespielt wird, ist damit freilich nicht unbedingt gesichert. Nicht jeder, der Informationstexte schreibt, will leicht verständlich schreiben. Der eine oder andere flüchtet gern in den für ihn passenden Fachjargon. Fachjargons verstehen Fachleute, nicht aber das Durchschnittspublikum. Wenn sich ein Fachmann an breitere Leserschaften wendet und dennoch nicht aus seinem Jargon herausfindet, hat das Gründe: Vielleicht möchte der Autor signalisieren: «Ich hab's geschafft, ich gehöre zur Zunft» und grenzt sich damit gegen die bedauernswerten Laien ab. Oder – ganz, ganz böse – er setzt Schwerverständlichkeit als Schild gegen Kritik ein. Was nicht verstanden wird, kann nur schwer kritisiert werden: «Es lässt sich ohne sonderlich viel Witz so schreiben, dass ein anderer sehr viel haben muss, es zu verstehen» (Lichtenberg). Aber: Hat man das nötig? Nein. Dadurch dass ein Autor verständlich schreibt, offen, auf verschleiernden Jargon verzichtet, eine betont schlichte Darlegung wählt, signalisiert eher: Mein Text ist inhaltlich so gut, dass er alleine trägt, dass ich Wortgeklingel nicht nötig habe. Damit geraten Jargonjongleure natürlich in den Ruch, eigentlich nichts Bewegendes zu sagen zu haben. Recht so.

Häufig schreibt man ja auch nicht selbst, sondern bearbeitet einen Text eines anderen, hat einen vorgegebenen Text für die Adressaten annehmbar zu machen. Und da ist Textverständlichkeit nicht selten das entscheidende Kriterium.

Auch für persuasive Texte, für Texte also, die überzeugen bzw. überreden wollen, kommen wir ohne einen gewissen Grad an Verständlichkeit nicht aus. Denn schließlich muss der Leser ja die Chance haben zu verstehen, zu was wir ihn veranlassen wollen. Und oft werden wir innerhalb eines persuasiven Textes Passagen einflechten, in denen wir schlicht etwas beschreiben, um daraus ein Argument zu entwickeln – und das natürlich auch wiederum verständlich.

Und wann ist ein Text verständlich? Grob wird die Verständlichkeit eines Textes von vier Kriterien bestimmt:

(1) Gliederung/Ordnung: Ein verständlicher Text ist sorgfältig gegliedert, folgerichtig aufgebaut, Wesentliches ist eindeutig von nicht so Wesentlichem geschieden

(2) Einfachheit: Ein verständlicher Text ist einfach, hat kurze, einfache Sätze, verwendet geläufige Wörter, ist konkret und anschaulich

(3) Prägnanz: Ein verständlicher Text konzentriert sich auf das Wesentliche

(4) Attraktivität: Ein verständlicher Text ist bei aller Schlichtheit abwechslungsreich formuliert, anregend, Neugier weckend und/oder Spannung aufbauend

Wie man das macht, davon im Weiteren.

7 Sätze verständlich aufbauen

Für viele Disziplinen, die sich mit sprachlichen Formen beschäftigen, wie Logik, Rhetorik, Grammatik u. a., ist der Satz die zentrale Einheit der Untersuchung. Vom Satz ausgehend kann man sich dann an die Funktion der kleineren Einheiten (Gliedsätze, Satzglieder, Wörter, Morpheme u. a.) begeben und an die größeren (Satzfolgen, Texte). Unter einem Satz verstehen wir die kleinste selbstständige Äußerung mit Sinn. Man redet auch von Sprechhandlungen. Solche Sprechhandlungen sind zum Beispiel: behaupten (aussagen), fragen, befehlen, bitten, jemandem etwas versprechen, grüßen und viele mehr.

Ein Satz muss nicht unbedingt vollständig sein – zumindest nicht, wenn man mit vollständig meint, er müsse etwa zwingend Subjekt, Objekt(e) und Prädikat enthalten. Also nicht Vollständigkeit, sondern Selbstständigkeit ist das Kriterium. Selbstständig heißt, die Äußerung ist in den entsprechenden «normalen» Handlungszusammenhängen ohne weitere Hinzufügungen verständlich. In diesem Sinne sind

in der
sehr
gar liebst
wenn man
dem letzten Loch
usw.

keine Sätze. Wohl aber – in den entsprechenden Zusammenhängen – so etwas wie:

Der Ball hatte zu wenig Effet. – Warum tust du das? – Wann? – Feuer! – Ja.

In deskriptiven Texten dominieren Aussagesätze, in Obligationstexten Zusagesätze (Versprechen), in persuasiven Texten Aufforderungssätze usw.

Wie nun muss zum Beispiel ein Aussagesatz aussehen, damit er so verständlich wie möglich ist? Wenden wir die Grobkriterien von oben an. Kriterium 1 (Gliederung) fällt weg, denn es bezieht sich auf Texte, nicht auf Sätze. Kriterium 2 (Einfachheit) fordert einfachen Aufbau. Der einfachste Aussagesatz besteht aus einem einfachen Subjekt und einem einfachen Prädikat, ein einfaches Objekt wird man auch akzeptieren müssen:

Otto holt Obst (Ernst Jandl).

Das ist schlicht, vielleicht ergreifend, aber sicher verständlich.

Solche Aussagesätze kann man, was die Informationsfunktion angeht, in Thema und Rhema unterteilen. Dabei ist das Thema das, was als schon bekannt vorauszusetzen ist (über das informiert wird, in unserem Beispiel: *Otto*), während das Rhema eine Information zum Thema liefert (in unserem Beispiel: *holt Obst*):

<u>Otto</u>   <u>holt Obst.</u>
Thema   Rhema

Im Deutschen ist das Thema in der Regel das Satzglied, das am Satzanfang steht. Besonders pointiert wird die Thema-Rhema-Struktur, wenn das Thema zugleich das Subjekt ist (wie in unserem *Otto*-Beispiel). Leicht zu verstehen ist in der Regel ein Satz, bei dem einem einfachen Thema ein einfaches Rhema zugeordnet wird. Für die Reihenfolge gilt: Thema vor Rhema.

8 *Die Finanzkrise nahm, obwohl etliche durchaus vernehmlich vor Zertifikaten und Ähnlichem gewarnt hatten, ihren katastrophalen Lauf*
Verständlicher:
Obwohl etliche durchaus vernehmlich vor Zertifikaten und Ähnlichem gewarnt hatten, nahm die Finanzkrise ihren katastrophalen Lauf

Keine Schachtelsätze

Von diesem schlichten Thema-Rhema-Schema können wir freilich auf verschiedene Weise abweichen und so weniger verständlich werden. Eine immer wieder gern gewählte Variante ist, in solch einen schlichten Gedanken einen anderen Gedanken hineinzuschieben.

So können wir in einen Hauptsatz, wenn wir unbedingt wollen, nahezu beliebig viele Nebensätze, Partizip-, Infinitivgruppen oder Parenthesen hineinzwängen. Schlimmer noch: In diese untergeordneten Satzglieder können wir wiederum beliebig viele weitere Satzglieder einschachteln, in diese wiederum beliebig viele weitere, in diese wiederum …

Unser toller Landwein, nachdem sich die entsprechenden Reben, die wir aus einem italienischen Anbaugebiet, dessen traditionelle Techniken, die besonders Anketina, die ja eine alte Tüftlerin ist, begeistert haben, eingeführt haben, akklimatisiert hatten, ist diese Saison der Renner.

Wir machen da mit *Unser toller Landwein* einen Gedanken auf, den wir aber nicht sofort abschließen, sondern mit *nachdem sich die entsprechenden Reben* unterbrechen. Aber nicht genug: Auch diesen Gedanken bringen wir nicht zu Ende, sondern setzen wieder einen neuen an und so fort. Auf dem Höhepunkt der Kompliziertheit muss der Leser hier sechs verschiedene Gedanken managen, um die einzelnen Fäden nicht zu verlieren. Das ist eben schwierig zu verstehen und verursacht Unmut.

Wäre da ein Leser nicht vielleicht weniger genervt mit folgender Version?

Für unseren tollen Landwein haben wir die Reben aus einem italienischen Anbaugebiet eingeführt. Die traditionellen Techniken dort haben besonders Anketina begeistert, unsere alte Tüftlerin. Mittlerweile haben sich die Reben akklimatisiert und der Landwein ist der Renner der Saison.

Zugegeben, das Beispiel war in pädagogischer Absicht natürlich bewusst krass gestrickt. (Das ist nicht ungefährlich; denn leicht fühlt sich ein Leser erhaben über solch verwegene Konstruktionen: «So was würde mir eh nie passieren. Das betrifft mich also gar nicht.») Nein, nein, auch weniger wilde Verschachtelungen fördern nicht gerade die Verständlichkeit eines Textes. Es geht ja auch nicht darum, dass ein normal einsichtiger Leser nicht auch den Sinn eines leicht verschachtelten Satzes herausdröseln könnte. Es geht vielmehr darum, es dem Leser nicht unnötig schwer zu machen, und vor allem darum, ihn nicht zu langweilen.

Also darf man schon die Faustregel beherzigen: Einen Gedanken erst abschließen, bevor man einen neuen aufmacht!

Das gelingt problemlos, wenn man mehr mit nebengeordneten Hauptsätzen arbeitet, also parataktisch konstruiert (parataktisch =

nebenordnend) statt zu viele Nebensätze einzuschachteln, also hypotaktisch zu konstruieren (hypotaktisch = unterordnend).

Nicht: *Einen Gedanken, bevor man einen neuen aufmacht, erst abschließen.*

Besser: *Einen Gedanken erst abschließen. Dann einen neuen aufmachen.*

Auch wenn man mit Hauptsätzen arbeitet, gibt es noch viele Variationsmöglichkeiten. Man kann mehrere Hauptsätze, durch Komma getrennt oder durch Konjunktionen (*und, oder, aber, sondern* usw.) verbunden, aneinanderreihen. Durch Punkt abgeschlossene Hauptsätze kann man durch die Satzgliedfolge gestalten.

Natürlich sind deshalb Nebensätze ganz und gar nicht verboten. Endlose Reihungen von Hauptsätzen, womöglich noch alle mit der gleichen Reihenfolge der Satzglieder, ermüden und langweilen schnell. Da bieten sich dann durchaus Nebensätze an. Diese störten ja nur dann die lineare Abfolge der Gedanken, wenn sie eingeschachtelt würden, nicht aber, wenn sie vollständig vor oder hinter einen wiederum vollständigen Hauptsatz platziert sind, wie etwa bei unserer Faustregel: *Einen Gedanken erst abschließen, bevor man einen neuen aufmacht.*

Man könnte natürlich auch noch weiter fragen, ob es günstiger ist, den Nebensatz voranzustellen oder nachzuschieben. Unter Gesichtpunkten der Verständlichkeit empfiehlt es sich, dabei der Logik der Gedanken zu folgen. Man wird also z. B. einen Finalsatz eher an den Hauptsatz anschließen, damit nicht das Ziel oder die Konsequenz vor der Ursache steht:

Einen Gedanken erst abschließen, bevor man einen neuen aufmacht, damit der Leser nicht gleichzeitig zwei Gedanken managen muss.

Weil ein Grund oder eine Ursache logisch vor der Folge oder der Wirkung liegt, wird man einen Kausalsatz in der Regel voranstellen:

Weil es etwas leichter ist, einen einzelnen Gedanken zu managen als zwei gleichzeitig, besser einen Gedanken erst einmal abschließen, bevor man einen neuen aufmacht.

Aber dies sind nur Empfehlungen für solche Normalfälle, wie sie in der Schreibpraxis selten vorkommen. Gerade, um angemessene Anschlüsse zu erreichen, um inhaltliche Schwerpunkte deutlich zu machen oder aus stilistischen Gründen, wird man in vielen Fällen von dieser Logik abweichen.

Man sieht jedenfalls, dass sich auch recht komplexe Satzgebilde ergeben können, ohne dass man gegen das hier behandelt Prinzip der Textverständlichkeit verstößt. Sollte einem das schon zu kompliziert sein, kann man immer noch in Hauptsätze auflösen:

Es ist leichter, einen einzelnen Gedanken zu managen als zwei gleichzeitig. Daher jeden Gedanken zunächst einmal abschließen. Dann erst einen neuen aufmachen.

Vor einer Art der Einschachtelung sei allerdings besonders gewarnt. Solche Einschachtelungen entstehen dadurch, dass ein vereinsamter Teil eines Verbs uns gelegentlich hinter einen Nebensatz oder eine Infinitivgruppe gerät:

Nun schließen wir jeden Gedanken zunächst einmal, bevor wir einen neuen aufmachen, ab. – Selbst der Presserat hat die Methoden dieser aufdringlichen Paparazzi, die man vielleicht zu Unrecht für den Tod der Prinzessin verantwortlich macht, gescholten.

Muss sich dieses arme *gescholten* (bzw. das *ab*) hinter den Nebensatz abgeschoben nicht schrecklich einsam und verlassen vorkommen? Solche Nachklapper können meist vermieden werden, indem man das nachklappernde Satzglied vor den Nebensatz zieht (wie wir das von unserem Satz über den Gedanken ja schon kennen):

Selbst der Presserat hat die Methoden dieser aufdringlichen Paparazzi gescholten, die man vielleicht zu Unrecht für den Tod der Prinzessin verantwortlich macht.

Fazit: Am leichtesten zu verstehen sind kurze Sätze. Dabei verzichtet man auf Nebensätze und durch Präpositionen eingeleitete Angaben. Doch was ist kurz? Als kurz können Sätze mit bis zu 10 Wörtern gelten.

Texte, die ausschließlich aus Kurzsätzen bestehen, wirken auf die Dauer doch etwas fad. Hier kann man variieren und Sätze mittlerer Länge einschieben, Sätze von 10 bis 20 Wörtern. Dem Verstandenwerden widersetzen sich hier am wenigsten nebengeordnete Hauptsätze. Auch kurze vorangestellte oder nachgetragene Nebensätze sind hier möglich.

Wenn lange Sätze von über 20 Wörtern verwendet werden, ist mehr als bei kurzen Sätzen auf eine übersichtliche Konstruktion zu achten, wenn Verständlichkeit angestrebt wird. Dann besser nebenordnen als unterordnen. Schachtelsätze vermeiden, da sonst leicht die Übersichtlichkeit leidet. Nach einem langen Satz – zur Erholung – ein oder mehrere kurze.

Ermüdend wirkt, wenn der Autor nur kurze oder nur lange oder nur mittellange Sätze verwendet. Es erleichtert allerdings das Verstehen, wenn deutlich mehr kurze als mittellange Sätze eingesetzt werden und deutlich mehr mittellange als lange.

9 *Der Tag nach der Ankunft der von der gesamten Fakultät sehr kritisch beäugten Forschergruppe des MIP um Dr. Cathy Martin bereitet Prof. Fasel große Sorgen*
Verständlicher:
Sehr kritisch beäugt ja die gesamte Fakultät die Forschergruppe des MIP, die von Dr. Cathy Martin geleitet wird. Daher bereitet der Tag nach deren Ankunft Prof. Fasel große Sorgen.

Keine Angst vor Verben. Verben stellen klar

Man kann in bestimmten Fällen durchaus gute Gründe ins Feld führen, einen Nominalstil zu bevorzugen – pragmatische Gründe, stilistische. Das hängt unter anderem von der Schreibabsicht ab: Wenn man vor allem verständlich sein will, sind Verben unschlagbar. Denn die Folgegrammatik des Verbs ist unübertroffen klar. Wenn man ein Verb (korrekt) verwendet, ist meist ganz unmissverständlich, wer wem was (wann, wo, warum, unter welcher Voraussetzung usw.) tut.

In einem Ausdruck wie *die Behandlung der Dr. Waltraud Husten* ist das dagegen nicht so klar. Was soll das denn heißen: *Dr. Waltraud Husten behandelt wen auch immer* oder aber: *Wer auch immer behandelt Dr. Waltraud Husten?* Verwendet man statt des Substantivs *Behandlung* jedoch das Verb behandeln, ist man «automatisch» gezwungen, das zu klären. Warum ausgerechnet Verben dieses klärende Vermögen besitzen, wird im nächsten Kapitel genauer erläutert.

10 *Nach dem Zweiten Weltkrieg trat Arno Schmidt an das vom poetischen, detaillierten Realismus seiner Schilderungen des Alltagslebens erschreckte Publikum Verständlicher:*
Nach dem Zweiten Weltkrieg trat Arno Schmidt an ein Publikum, das sich durch den poetischen, detaillierten Realismus seiner Schilderungen des Alltagslebens erschreckt zeigte

Keine überlangen Adjektiv- und Partizipreihungen

Darf man ein Substantiv ganz allein lassen?
Die Kläranlage musste geschlossen werden.
Wie grausam! Da stellt man ihm doch flugs einen Begleiter an die Seite. Oder zwei oder drei oder …:
Die hiesige, beschädigte Kläranlage musste geschlossen werden.
Nahezu unendlich lassen sich besonders Partizipien erweitern:
Die hiesige, in den letzten sieben Monaten von übereifrigen Großnagern in einem nie für möglich gehaltenem Ausmaß beschädigte Kläranlage musste geschlossen werden.
Man muss sich da schon sehr konzentrieren, bis nach dem überlangen Vorlauf dann endlich das Substantiv an Auge und Hirn gelangt. Leichter zu verstehen wäre, wenn man zunächst wüsste, worum es geht. Wenn man wüsste, dass es um die Kläranlage geht. Ist die Kläranlage geklärt, ließen sich danach noch zusätzliche Informationen anbringen. Im Grunde hat solch ein nicht satzwertiges Satzglied auch eine Art interne Thema-Rhema-Struktur:

hiesige, beschädigte	*Kläranlage*
Rhema	Thema

Und da erführen wir halt zunächst gern, was das Thema ist, und dann erst, was Rhema – nicht umgekehrt. Im Deutschen stehen aber die gebeugten Adjektive und Partizipien – anders als z. B. im Französischen – vor dem Substantiv. Das stört die Verständlichkeit nicht oder kaum, wenn es sich um ein nicht erweitertes Adjektiv handelt: *hiesige Kläranlage.* Es wird aber zur Gedulds- und Konzentrationsprobe, wenn eine ellenlange Partizipgruppe den Weg zum Substantiv verstellt. Da reißt schon mal der Gedulds- oder Konzentrationsfaden, bevor das Substantiv erreicht ist.

Man kann dem Leser das Verstehen leichter machen und vorangestellte Adjektive und Partizipien nur dann verwenden, wenn die damit vermittelte Information nötig, hilfreich oder spannend ist und es gleichzeitig zu umständlich wäre, dafür einen eigenen (Neben-)Satz zu reservieren. *Wunschloses Unglück* (Peter Handke) z. B. ist einerseits ganz spannend formuliert, andererseits wäre *Unglück, das wunschlos ist* zu umständlich und weniger spannend.

Reihungen von Partizipien oder Adjektiven sind nicht nur der Verständlichkeit hinderlich, sondern mindern durch ihr inflationäres Auftreten auch das Gewicht jedes einzelnen Elementes. Solche Reihungen kann man getrost weglassen. *Der dünne Mann* (Dashiell Hammett) erscheint uns nicht umsonst prägnanter als – sagen wir: *Der dünne, lange, unbekannte Mann.*

Partizipien schier endlos zu erweitern gilt als Bürokratendeutsch (Papierdeutsch): Hier will man nicht in erster Linie verstanden werden. Kann oder will man eine solche Partizipgruppe nicht einfach weglassen und/oder einen neuen Satz für die entsprechende Information aufwenden, ist schon einiges gewonnen, wenn man das Attribut dem Substantiv nachstellt (und dabei Informationen weglässt, die nicht so wichtig sind oder sich gut auch an anderer Stelle unterbringen lassen). Statt gedrechselt zu formulieren *die in den letzten sieben Monaten von übereifrigen Großnagern in einem nie für möglich gehaltenem Ausmaß beschädigte Kläranlage* könnte man auch schreiben:

(1) mit Partizip: *die Kläranlage, in den letzten sieben Monaten stark beschädigt / die Kläranlage, von Großnagern stark beschädigt*

(2) mithilfe eines Relativnebensatzes: *die Kläranlage, die in den letzten sieben Monaten stark beschädigt worden war / die Kläranlage, die von Großnagern stark beschädigt worden war*

(3) mithilfe eines Adverbialsatzes: *Nachdem die Kläranlage in den letzten sieben Monaten stark beschädigt worden war, ... / Nachdem die Kläranlage von Großnagern stark beschädigt worden war, ...*

Vorsicht: Arbeitet man mit Relativ- oder Adverbialsatz, handelt man sich leicht eine Einschachtelung ein. Also darauf achten, dass die entsprechenden Nebensätze direkt am Anfang des Satzes eingesetzt werden oder ganz zum Schluss:

Nachdem die Kläranlage von Großnagern stark beschädigt worden war, musste geschlossen werden. Geschlossen werden musste die Kläranlage, die von Großnagern stark beschädigt worden war.

Oft lohnt es sich, einen ganz neuen Hauptsatz zu bilden – oder auch mehrere. Vor allem viele amtliche oder juristische Ergüsse könnten dadurch verblüffend verständlich werden. Welchen Satz wird man wohl leichter verstehen können?

(1) *Bezüglich Ihrer Nachfrage teilen wir mit, dass die von Ihnen zwar vollständig und korrekt ausgefüllten, rechtzeitig abgeschickten, aber vom Versorgungsamt in Jena an eine falsche Dienststelle weitergeleiteten Anträge aufgrund ihres verschuldensirrelevanten verspäteten Eintreffens bei uns keine Berücksichtigung finden können.*

(2) *Zu Ihrer Nachfrage: Sie hatten Ihre Anträge durchaus vollständig und korrekt ausgefüllt und rechtzeitig abgeschickt. Allerdings sind diese Unterlagen dann vom Versorgungsamt in Jena an eine falsche Dienststelle weitergeleitet worden. Daher sind sie verspätet bei uns eingetroffen und können nicht berücksichtigt werden. Dass Sie für die Verspätung kein Verschulden trifft / Dass Sie für die Verspätung nicht verantwortlich sind, ist bei derzeitiger Rechtslage unerheblich.*

11 Zur Vermeidung der Ausgleichsabgabe
Verständlicher:
um die Ausgleichsabgabe zu vermeiden

Vorsicht bei Nominalisierungen

Was ist besonders charakteristisch für unverständliches Verwaltungs- und Juristendeutsch? Nominalisierungen – und die Folgeprobleme, die man sich damit einhandelt. Nominalisierungen (Substantivierungen) sind solche Substantive, die aus Wörtern gebildet sind, die ihrer Normalform nach anderen Wortarten angehören: *alles beim Alten, ohne Wenn und Aber, eine Sie* usw. Vor allem aber sind für den schwer verständlichen Verwaltungsstil die Nominalisierungen von Verben einschlägig (*versagen, gewähren, beklagen, auflassen, erfüllen* usw.), geradezu berüchtigt sind die Nominalisierungen auf *-ung: Versagung, Gewährung, Beklagung, Auflassung, Erfüllung* usw.

Es ist ja gar nicht so, dass Nominalisierungen gar nichts leisteten. Mit Nominalisierungen

- kann man sich unter Umständen ganze Sätze und Nebensätze sparen. So erspart *nach Feststellung der Personalien ...* den Nebensatz *nachdem die Personalien festgestellt worden waren...*
- betont man stärker das Ergebnis, das Feststehende als mit Verben, die eher den Prozess ausdrücken, wie bei *die Feststellung der Personalien* versus: *man stell[t]e die Personalien fest.*
- muss man den Handelnden nicht nennen (und auch nicht den «Behandelten») wie bei *Die Polizeibeamten stellten die Personalien fest* versus: *die Feststellung der Personalien.*
- kann man nötige Referenzleistungen leicht herstellen, vor allem da, wo etwa temporale, modale oder personale Bezüge, wie sie Verben herstellen, nicht gefordert sind.

Dies kann man alles wollen, und dann ist eine solche Nominalisierung durchaus motiviert, wie z. B. bisweilen in Verwaltungstexten. Hier gehören Nominalisierungen zum Funktionalstil dazu. Der Verständlichkeit eines Textes zusetzen können Nominalisierungen aber auch in gut motivierten Fällen. Woran liegt das? Meist liegt es daran, dass eine Nominalisierung nicht so deutlich macht, wer wen hasst, liebt, hört, ersticht o. Ä. oder wer wem was tut, sagt, verbietet o. Ä., wie ein Verb das vermag. Ein Charakteristikum eines jeden Verbs ist es nämlich, jeweils bestimmte Ergänzungen binden zu können. Dieses Vermögen bezeichnet man als Wertigkeit oder Valenz eines Verbs. So bindet das zweiwertige Verb *meiden* zwei Ergänzungen, das Subjekt (E1) und das Akkusativobjekt (E2):

Die Genossinnen	*mieden*	*Trotzki.*
E1	P	E2

Hier ist ganz klar, wer wen mied. Betrachten wir nun die entsprechenden Nominalisierungen:

(1) *die Meidung der Genossinnen*
(2) *die Meidung Trotzkis*
(3) *die Meidung der Genossinnen gegenüber Trotzki / was Trotzki anging*
(4) *die Meidung Trotzkis durch die Genossinnen*

Die Beziehungen, die in der verbalen Konstruktion durch die Ergänzungen völlig klargestellt sind, können bei der Nominalisierung allenfalls durch nachgestellte Genitiv- oder Präpositionalattribute vermittelt werden – und das mehr schlecht als recht. In den Beispielen (1) und (2) ist ohne weiteren Zusammenhang nicht klar, ob die genannte Person meidet oder gemieden wird. Um die Beziehungen zu verdeutlichen, muss ein Präpositionalobjekt wie in den Beispielen (3) und (4) angefügt werden. Bei solchen Anfügungen ist es für den Leser stets mühsam aufzudröseln, worauf sich ein solches Attribut bezieht: nur auf ein unmittelbar vorangehendes Attribut, auf mehrere vorangehende Attribute oder auf das ganze vorangehende Satzglied (s. unten, Reihungen von Genitivattributen). Diese unnötige Spürarbeit macht solche Konstruktionen sehr schwer verständlich. Und nicht selten ist, wie bei (3), fraglich, ob man solch ein Attribut überhaupt grammatisch akzeptieren kann oder es nicht eher ersetzen muss (etwa durch einen ganzen Relativsatz).

So ist wohl einsichtig, dass eine Nominalisierung umso unverständlicher gerät, je mehr solcher Genitiv- oder Präpositionalattribute angeschlossen sind. Und wie viele dieser Attribute unter Umständen anzuschließen sind, hängt wiederum von der Wertigkeit des Verbs ab, das der Nominalisierung zugrunde liegt. Die Wertigkeit gibt an, wie viele Ergänzungen ein Verb binden kann. Und je mehr Ergänzungen ein Verb bindet, desto mehr Genitiv- oder Präpositionalattribute können bei der entsprechenden Nominalisierung notwendig werden. Einige Beispiele:

Verbaler Ausdruck	Nominalisierung

1-Wertigkeit des Verbs

Frau Dr. Lehmann grübelt	*Frau Dr. Lehmanns Grübeln / das Grübeln von Frau Dr. Lehmann*
Herrn Schenkel friert	*Herrn Schenkels Frieren / das Frieren von Herrn Schenkel*

2-Wertigkeit des Verbs

Ein Oberlehrer belehrt Ober	*Belehrung von Obern durch einen Oberlehrer*
Carina erzielte souverän zwei Tore	*Carinas souveräne Erzielung zweier Tore/die souveräne Erzielung zweier Tore durch Carina*

3-Wertigkeit des Verbs

Die Studenten empfehlen ihrer Freundin einen Dozenten	*die Empfehlung eines Dozenten für ihre Freundin durch die Studenten / die Empfehlung der Studenten für ihre Freundin, was einen Dozenten angeht*

Bei höheren Wertigkeiten wird die eh schon wilde Konstruktion von Nominalisierungen noch komplizierter. Zumindest dürften die Beispiele deutlich machen, dass Nominalisierungen umso unverständlicher zu werden drohen, je höher die Wertigkeit des zugrunde liegenden Verbs ist. Das heißt aber auch: Unter dem Gesichtspunkt der Verständlichkeit ist gegen Nominalisierungen von Verben niedriger Wertigkeit weniger einzuwenden ist als gegen solche von Verben mit höherer Wertigkeit.

Nominalisierungen führen auch dann nicht zu Verstehensschwierigkeiten, wenn im Laufe eines Textes zuvor bereits über Verbkonstruktionen klargestellt worden ist, wie die Bezüge sind, und der Autor daher auf Genitiv- oder Präpositionalattribute leicht verzichten kann, z. B.:

Die Studenten empfehlen ihrer Freundin einen Dozenten. Diese Empfehlung fand Waltraud sehr hilfreich.

Es kommt also nicht nur darauf an, was man im Text tut, sondern auch darauf, an welcher Stelle man das tut.

12 *Unvergessen bleibt sein demonstratives Fernbleiben von der gemeinsamen Pressekonferenz mit dem belgischen Premierminister Verhofstadt beim EU-Gipfel von Gent mit der Begründung...*
Verständlicher:
Unvergessen bleibt, dass/wie er beim EU-Gipfel von Gent der gemeinsamen Pressekonferenz mit dem belgischen Premierminister Verhofstadt fernblieb und dies damit begründete...

Keine ermüdenden Reihungen von Genitiv- und/oder Präpositionalattributen

Was einen ganzen Rattenschwanz hinter sich herzieht, kommt nicht recht voran. Auch ein Rattenschwanz an Genitiv- und Präpositionalattributen lässt uns im Satz stolpern. Gegen ein einzelnes solcher Attribute ist gar nichts einzuwenden, da man so doch etliches an Bedeutung komprimieren kann. Daher sind solche Fügungen auch bei Buchtiteln sehr begehrt:

(1) *Die Kritik der reinen Vernunft* (Immanuel Kant)
(2) *Der Mann ohne Eigenschaften* (Robert Musil)
(3) *Das Privileg von Pfeffer und Salz* (Willi Achten)
(4) *Die Tochter des Buchhändlers* (Sylvie Schenk)

Wenn es aber mehr Attribute werden, braucht man schon die ein oder andere Zehntelsekunde mehr, um zu verstehen, was gemeint ist. Wo nicht das vordergründige, sondern das zwischenzeilige, nach vielen Richtungen offene Verstehen im Vordergrund steht, in ästhetischen Texten also, werden solche Fügungen sogar gern als Aufmerksamkeit heischender Stutzwiderstand eingesetzt, bei Werktiteln auch in anderen Texttypen:

(5) *Die Innenwelt der Außenwelt der Innenwelt* (Peter Handke)
(6) *Die Angst des Tormanns beim Elfmeter* (Peter Handke)
(7) *Die Geburt der Tragödie aus dem Geiste der Musik* (Friedrich Nietzsche)
(8) *Umständliche Erläuterung der seelischen Störung eines Communalbaumeisters in Preußens größtem Industriedorf oder: Die Unfähigkeit zur Stadtentwicklung* (Lutz Niethammer)

Die Schwierigkeiten, die solche Attributreihungen dem Verständnis bereiten, liegen vor allem in
- (a) möglicher Zweideutigkeit
- (b) unklarem Bezug
- (c) der Hinderung des Leseflusses.

(a) Zweideutig sein kann ein Genitivattribut vor allem dann, wenn es sich auf die Substantivierung (Nominalisierung) eines Verbs bezieht, etwa des Verbs *verdauen*. Wie wäre dann ein Ausdruck zu verstehen wie *die Verdauung des Kammmolches*? Wäre sie eher zu umschreiben mit: *der Kammmolch verdaut x,* oder doch eher mit: *x verdaut den Kammmolch*? Durchaus nicht das Gleiche. In der ersten Umschreibung (Paraphrase) wäre *Kammmolch* Subjekt: man spricht dann vom Genitivus subiectivus, in der zweiten Akkusativobjekt: man spricht vom Genitivus obiectivus. In der Fügung *die Verdauung des Kammmolches* sind diese Bedeutungen nicht zu unterscheiden, die Fügung ist also zunächst einmal zweideutig: *Die Verdauung des Kammmolches verläuft im Wesentlichen nicht anders als die des Feuersalamanders.*

Der Autor kann solch eine Zweideutigkeit vermeiden, wenn er die Fügung in einen Zusammenhang einbettet, der klärt, was gemeint ist. Als Genitivus subiectivus:

Um im Röntgenbild die Verdauung des Kammmolches beobachten zu können, wird er mit präparierten Wasserflöhen gefüttert.

Oder aber als Genitivus obiectivus:

Mit der Verdauung des Kammmolches ist die Ringelnatter eine vergleichsweise lange Zeit beschäftigt.

Aber – wie so oft: Was für die einen als Gefahr lauert, ist für die anderen ein anregender Reiz. Der Könner nutzt die Doppeldeutigkeit solcher Genitive. So Immanuel Kant im Beispiel (1). Denn *Die Kritik der reinen Vernunft* kann heißen: *x kritisiert die reine Vernunft*, oder es kann heißen: *die reine Vernunft kritisiert x*. Und genau in diesem doppelten Sinn wollte Kant sein Werk verstanden wissen: Die reine Vernunft kritisiert die reine Vernunft.

(b) Bei längeren Reihungen von Genitiv- oder Präpositionalattributen ist oft schwer zu entscheiden, worauf genau sich ein Attribut bezieht. So mag es in Beispiel (6) noch relativ unerheblich sein, ob sich *beim Elfmeter* nur auf *des Tormanns* bezieht, ob also die Angst eines Tormanns beim Elfmeter von Ängsten unterschieden wird, die ein Tormann bei anderen Gelegenheiten hat, oder ob sich *beim*

Elfmeter auf den ganzen Ausdruck *die Angst des Tormanns* bezieht, es also nur um eine einzige Angst geht, nämlich die des Tormanns, nur eben im Augenblick des Elfmeters.

Eine sehr feinsinnige Unterscheidung, nicht wahr? Die Unterschiede können aber durchaus deutlicher sein, etwa bei: *die Gedanken eines Abenteurers nach Dienstschluss*. Sind das die Gedanken eines Abenteurers, denen er sich nach Dienstschluss hingibt? Oder handelt es sich doch um die Gedanken eines Menschen, der erst nach Dienstschluss zum Abenteurer mutiert? Man weiß es nicht. Sollte man aber. Das kann man durch andere, elegantere Konstruktionen klären, vielleicht: *was ein Abenteurer denkt, wenn sein Dienst vorbei ist / was ein Mensch denkt, der nach Dienstschluss regelmäßig zum Abenteurer wird.*

(c) Eine längere Attributreihung dieser Art hindert das leichte Verstehen auch deshalb, weil diese Attribute Substantive sind und man gewohnt ist, Substantive als Kern von Ergänzungen oder nominalen Angaben zu lesen. Wenn nun zu viele solcher Substantive einem Kernsubstantiv folgen, verliert man leicht den Überblick darüber, welches Substantiv dasjenige ist, von dem die anderen abhängen. Welches Substantiv ist der Kern der Fügung? Natürlich bekommen wir das schon heraus, aber es kostet halt eine Extramühe – eine überflüssige.

Eine der Standardaufgaben von professionell schreibenden Autoren ist es ja, Primärtexte (Presseerklärungen, Forschungsberichte, Aussagen von Zeitzeugen u.v.m.) den eigenen Absichten, der Situation und der Zielgruppe entsprechend aufzubereiten. Das heißt oft auch, die ursprünglichen Texte verständlicher zu machen, zum Beispiel, indem man überlange Attributreihungen auflöst. Besonders einfach ist das, wenn der Kern der Reihungen eine Nominalisierung eines Verbs ist. Dann bietet es sich an, aus der Nominalisierung ein Verb zu machen und dadurch die Verhältnisse zu klären. Häufig klappt das ganz gut mit einer Infinitivgruppe. In folgendem Beispiel ersetzen wir die Substantivierung *Umleitung* einfach durch das Verb, genauer: den Infinitiv *umleiten*. Aus:

Als besonders unklug erwies sich die Umleitung des Stoßverkehrs aus der Altendorfer Straße über die Borbecker Straße in die Heißener Straße

wird dann:

*Als besonders unklug erwies sich, den Stoßverkehr aus der Alten-
dorfer Straße über die Borbecker Straße in die Heißener Straße um-
zuleiten.*

Auch eine parataktische Konstruktion mit zwei Hauptsätzen
wäre denkbar (statt *Umleitung* hier *wurde umgeleitet*):

*Der Stoßverkehr aus der Altendorfer Straße wurde über die Bor-
becker Straße in die Heißener Straße umgeleitet. Das erwies sich als
besonders unklug.*

Wenn Angaben allzu reichlich mit den leidigen Reihungen von
Attributen ausgestattet sind, hilft oft ein Adverbialsatz. Das ist ein
Nebensatz, in dem dann die Nominalisierung als finites Verb auftaucht. Das geschieht in Folgendem gleich dreimal: Aus *Konstruktion*
wird *konstruiert worden war*, aus *Zusammensetzung* wird *zusammengesetzt [war]* und aus *Schichtung* wird *geschichtet war*. So wird:

*Aufgrund der nicht ganz sachgemäßen Konstruktion des Hallen-
bodenunterbaus war trotz der recht ausgeklügelten Zusammensetzung und Schichtung des Polyurethanbelags zwar die Flächen-,
nicht aber die geforderte Punktelastizität ganz erreicht worden*

umformuliert zu:

*Da der Unterbau des Hallenbodens nicht ganz sachgemäß konst-
ruiert worden war, konnte zwar die Flächen-, aber nicht ganz die
geforderte Punktelastizität erreicht werden, [und das,] obwohl der
Polyurethanbelag recht ausgeklügelt zusammengesetzt und geschichtet war.*

Das ist schon verständlicher, jedoch immer noch nicht überzeugend. Da bietet es sich an, einen, mehrere oder alle untergeordneten
Adverbialsätze in nebengeordnete Hauptsätze umzuwandeln:

*Der Polyurethanbelag war recht ausgeklügelt zusammengesetzt
und geschichtet. Dennoch konnte nur die Flächen-, aber nicht ganz
die geforderte Punktelastizität erreicht werden. Denn der Unterbau
des Hallenbodens war nicht sachgerecht konstruiert worden. / Zwar
war der Polyurethanbelag recht ausgeklügelt zusammengesetzt und
geschichtet, doch war der Unterbau des Hallenbodens nicht sachgerecht konstruiert worden. Daher konnte nur die Flächen-, aber nicht
ganz die geforderte Punktelastizität erreicht werden.*

Vielleicht reicht es auch schon, einen der beiden Nebensätze
durch einen nebengeordneten Hauptsatz zu ersetzen.

Angaben bezeichnen in der Regel Umstände, unter denen sich
das Geschehen des Satzes abspielt. Sie setzen in gewisser Weise das

Geschehen in eine Beziehung zur restlichen Welt. In unseren Beispielen ist das zum einen eine Kausalbeziehung (Grund, Ursache: Warum konnte die geforderte Punktelastizität nicht erreicht werden?), zum anderen ist das ein Konzessivbeziehung (Einräumung: Trotz welcher Umstände konnte die geforderte Punktelastizität nicht erreicht werden?).

Diese Beziehungen werden in unseren Beispielen auf verschiedene Weise ausgedrückt. Bei der substantivischen Angabe macht die Präposition *aufgrund* die Kausalbeziehung (Ursachebeziehung) deutlich, beim Adverbialsatz erledigt dies die Subjunktion *da*, bei der nebenordnenden Konstruktion wiederum erfüllt diese Aufgabe einmal das Adverb *daher*, einmal die Konjunktion *denn*. Wird in einer nebenordnenden Konstruktion aus zwei Hauptsätzen der Grund bzw. die Ursache im ersten Satz angegeben, schließt man mit *daher, darum, deshalb, deswegen, mithin, aus diesem Grund* usw. an. Wird dagegen der Grund bzw. die Ursache im zweiten Satz nachgeschoben, verwendet man *denn* (am Satzanfang, innerhalb des Satzes jedoch: *nämlich*).

Aber es sind nicht nur Kausalbeziehungen, die in Angaben (adverbialen Bestimmungen, Umstandsbestimmungen) wiedergegeben werden. Dazu kommen Temporal-, Lokal-, Direktiv-, Modal-, Konzessiv-, Konditional-, Konsekutiv-, Finalbeziehungen und andere mehr. Und all diese können entweder über eine mehr oder weniger schwer verständliche Nominalkonstruktion mit Attributreihung realisiert sein oder aber über eine leichter zu verstehende Nebensatzkonstruktion oder über meist sehr leicht zu verstehende nebengeordnete Hauptsätze.

Wenn auch meist Nebensätze oder nebengeordnete Konstruktionen vorzuziehen sind, so erweist sich bei Ortsangaben meist die substantivische Angabe als die verständlichere. Hier wirken Neben- und Hauptsätze eher gewollt, etwa:

So drangen die verwegenen Greenpeace-Aktivisten in das Herzstück des EDV-Zentrums der Wiederaufbereitungsanlage vor: das VQ-Büro

im Vergleich zu:

So drangen die verwegenen Greenpeace-Aktivisten bis dahin vor, wo die Wiederaufbereitungsanlage das Herzstück ihres EDV-Zentrums barg: das VQ-Büro.

Die Zahl der Genitivattribute kann man dennoch reduzieren:

So drangen die verwegenen Greenpeace-Aktivisten immer weiter in die Wiederaufbereitungsanlage vor – bis in das Herzstück des EDV-Zentrums: das VQ-Büro.

Die verschiedenen Beziehungen (temporale, lokale, modale, kausale, konzessive, finale, konsekutive, konditionale) werden entsprechend der gewählten Konstruktion jeweils entweder durch ganz bestimmte Präpositionen oder Subjunktionen oder Adverbien ausgedrückt.

Beziehung	Substantivisch	Nebensatz	Hauptsatz
	Präposition	Subjunktion	Adverb
Zeit: temporal	*vor, während, nach*	*bevor, nachdem, als, wenn, während*	*dann, danach, vorher, zuvor, gleichzeitig*
Art: modal	*durch, mit, mittels, über*	*indem, dadurch dass, wie*	*so*
Grund: kausal	*aufgrund, wegen, ob*	*weil, da*	*daher, deshalb/ denn, nämlich*
Einräumung: konzessiv	*trotz*	*obwohl, obschon, wenngleich*	*trotzdem, dennoch, dabei*
Zweck: final	*zu, zwecks, für*	*damit, um zu*	*Zweck/Ziel ist, [+Infinitivgruppe] / damit (soll)*
Folge: konsekutiv	*infolge*	*sodass*	*so*
Bedingung: konditional	*unter, bei*	*wenn, falls, (wenn nicht)*	*dann (sonst) / –*

Nun sind zwar Reihungen von Genitiv- und Präpositionalattributen ganz charakteristisch für die Verwaltungssprache, doch ist auch der gehobene Journalismus vor solchen «Gespreiztheiten» nicht gefeit, wie das folgende Beispiel ausweist:

Nach der Erstürmung des von tschetschenischen Terroristen besetzten Musical-Theaters in Moskau durch Spezialeinheiten gerät Russlands Regierung unter Druck (aus «Die Zeit»).

Zu allem Überfluss wurde in die Attributreihung auch eine überlange Partizipgruppe (*von tschetschenischen Terroristen besetzten*) eingebaut. Hier kann man leicht nach nun schon bewährtem Schema verständlicher formulieren, entweder mit Nebensätzen:

Nachdem Spezialeinheiten das Musical-Theater in Moskau erstürmt haben, das tschetschenische Terroristen besetzt hatten, gerät Russlands Regierung mächtig unter Druck

oder teilweise mit Hauptsätzen (allerdings mit einer Einschachtelung):

Das Musical-Theater in Moskau, das tschetschenische Terroristen besetzt hatten, haben Spezialeinheiten erstürmt. Dadurch gerät Russlands Regierung mächtig unter Druck

oder ganz simpel nur mit Hauptsätzen:

Tschetschenische Terroristen hatten ein Musical-Theater in Moskau besetzt. Es ist nun von Spezialeinheiten gestürmt worden. Dadurch gerät Russlands Regierung mächtig unter Druck.

Wenn auch kurze nebengeordnete Hauptsätze mit kurzen geläufigen Wörtern am einfachsten zu verstehen sind, besteht doch die Gefahr, dass die Aneinanderreihung kurzer, immer gleich gebauter Sätze ermüdet und langweilt. So sollten wir gelegentlich unsere Urteilskraft einschalten und uns überlegen, wo gewisse Banalitätsgrenzen drohen unterschritten zu werden (bei dieser Verbkonstruktion gewiss nicht!). Hierbei spielt es natürlich eine bedeutende Rolle, für welche Leser man schreibt.

Bisher haben wir Reihungen von Genitiv- und Präpositionalattributen betrachtet, die sich auf die Nominalisierung von Verben beziehen. Diese konnten wir vergleichsweise leicht in verständlichere Konstruktionen umformen: Wir mussten die Nominalisierungen einfach nur über Neben- oder Hauptsatzkonstruktionen wieder in Verben verwandeln. Das funktioniert natürlich nicht mehr, sobald ein Substantiv Kern der Fügung ist, das keine Nominalisierung darstellt:

Der Bär mit den ungeheueren Körpermaßen von der Insel Kodiak vor der Südwestküste Alaskas gilt heute nicht mehr als eigenständige Art.

Kern einer Fügung mit Attributreihung ist hier *Bär*. Wenn *Bär* eine Verbnominalisierung wäre, hätten wir's leicht. Wir könnten einfach in so etwas umformen wie:

*Vor der Südwestküste Alaskas bären auf der Insel Kodiak ungeheuere Körpermaße. Das gilt heute nicht mehr als eigenständige Art.

Das ist mindestens unsinnig, wenn nicht gar sinnlos. So geht's nicht. Wir können aus *Bär* kein Verb machen wie etwa aus *Erstürmung*. In solchen Fällen kommen wir nicht umhin, neue Verben einzuführen, wenn wir es verständlicher haben wollen. Dann können wir zum Beispiel das Ganze in nebengeordnete Hauptsätze auflösen:

Vor der Südwestküste Alaskas liegt die Insel Kodiak. Dort lebt ein Bär. Er hat ungeheuere Körpermaße. Er gilt heute nicht mehr als eigenständige Art.

Wir haben also *liegt*, *lebt* und *hat* hinzugefügt. Zugegeben, das geht ein wenig weit. Aber es sollte ja auch nur das Prinzip zeigen. Sicher müssen wir nicht alles auflösen. Vielleicht täte es auch schon:

Auf der Insel Kodiak vor der Südwestküste Alaskas lebt ein Bär von ungeheueren Körpermaßen. Als eigenständige Art gilt dieses Tier allerdings heute nicht mehr.

13 *Die Stellung unseres Unternehmens als eines der weltweit renommiertesten Verlagshäuser für wissenschaftliche Literatur sehen wir als Verpflichtung zur Förderung Hochbegabter*
Verständlicher:
Wir zählen zu den weltweit renommiertesten Verlagshäusern für wissenschaftliche Literatur. Das betrachten wir als Verpflichtung, Hochbegabte zu fördern / Dass wir zu den weltweit renommiertesten Verlagshäusern für wissenschaftliche Literatur zählen, betrachten wir als Verpflichtung ...

Keine komplizierten als- oder wie-Konstruktionen

Der Satz: *Wir als Philosophen dürfen den Wissenschaftlern gelegentlich schon etwas reinreden* ist ja nicht allzu schwer zu verstehen, obwohl er mit einer *als*-Konstruktion aufwartet. Die Konstruktion ist hier eben sehr einfach gehalten. Manchmal würde ein Satz sogar sinnlos, wenn man die Fügung mit *als* wegließe:

Auch ein Schüler wie Heinrich Böll hat am Zweiten Weltkrieg teilgenommen.

Wenn die Fügung mit *als* oder *wie* allerdings komplizierter gebaut ist, besonders, wenn sie im Genitiv steht, wird es schon etwas schwieriger, da durchzusteigen. So etwas findet man in Geschäfts- oder werblichen Texten ziemlich häufig:

Die Stellung unseres Unternehmens als eines der weltweit renommiertesten Verlagshäuser für wissenschaftliche Literatur sehen wir als Verpflichtung zur Förderung Hochbegabter.

Da bietet es sich an, der Fügung einen eigenen Satz zu reservieren, entweder einen Hauptsatz:

Wir zählen zu den weltweit renommiertesten Verlagshäusern für wissenschaftliche Literatur. Das betrachten wir als Verpflichtung, Hochbegabte zu fördern

oder einen – natürlich nicht eingeschachtelten – Nebensatz (der den gedanklichen Zusammenhang vielleicht noch etwas stärker ausdrückt):

Dass wir zu den weltweit renommiertesten Verlagshäusern für wissenschaftliche Literatur zählen, betrachten wir als Verpflichtung, Hochbegabte zu fördern.

14 Sätze verständlich verbinden

Sätze hintereinanderzuschreiben macht noch keinen Text – schon gar keinen verständlichen. Zu einem Text gehört zunächst einmal ein Thema. Das Thema ist das, worum es geht. Fast immer ist das Thema in Unterthemen gegliedert.

Ein Text, aus dem nicht hervorgeht, dass er ein Thema hat, wird in der Regel nicht als Text erkannt.

Zu einem Text werden Satzfolgen daher erst, wenn die Sätze miteinander verwoben sind (lat. *texere* – weben, flechten), sich aufeinander beziehen, wenn sie eine Sinneinheit ergeben. Diese Sinneinheit sollte sich vor allem dann ganz unmittelbar ergeben, wenn Texte, wie etwa Informationstexte, in erster Linie verstanden werden sollen. Verstanden werden sollte, was ein Satz gedanklich mit dem und den vorhergehenden zu tun hat. Dies nennt man Kohärenz.

15 *Die Künstlerin arbeitet mit einer entwaffnenden Selbstverständlichkeit. In 20 Jahren Bühne hat sie sich diese [Selbstverständlichkeit] spielend zu eigen gemacht*
Verständlicher:
Die Künstlerin arbeitet mit einer entwaffnenden Selbstverständlichkeit. Diese hat sie sich in 20 Jahren Bühne spielend zu eigen gemacht

Thema-Rhema-Progression: Sätze verweben

In dieser Von-innen-Betrachtung (= vom Satz zum Text) schauen wir uns am besten noch einmal einen Aspekt eines schlichten Aussagesatzes an: seine normale Thema-Rhema-Struktur.

Nicht nur ein Satz hat ein Thema, auch ein Text. Und dieses Thema haben wir zu entfalten. Das kann ganz linear geschehen, aber auch parallel oder in verschiedene Zweige aufgespalten. Manchmal entfaltet das Thema sich nur indirekt oder macht Sprünge.

Einfache Aussagesätze haben in der Regel die oben vorgestellte klare Thema-Rhema-Struktur mit dem Thema als dem schon Bekannten und dem Rhema als der Information:

Die meisten Klagenfurter	*ignorieren das Theater um den Ingeborg-Bachmann-Preis.*
Thema	Rhema

Die Themen der einzelnen Sätze eines Textes können auf verschiedene Weise entfaltet werden, man redet auch von einer Progression. Zu unterscheiden sind die lineare Progression, die mit durchlaufendem Thema und die mit abgeleitetem Thema.

Bei einer linearen thematischen Progression wird ein Teil des Rhemas des ersten Satzes (manchmal auch das gesamte Rhema) zum Thema des zweiten. Dies bedeutet: Was im ersten Satz dem Thema zugesprochen worden war, die neue Information, kann im darauffolgenden Satz nun als das Bekannte, eben als Thema, gesetzt werden. Dieses neue Thema kann nun seinerseits wieder um etwas Neues, eben wieder ein Rhema, bereichert werden:

Vor dem Gesetz steht ein Türhüter. Zu diesem Türhüter kommt ein Mann vom Lande und bittet um Eintritt in das Gesetz (Franz Kafka, Der Prozess). – Die meisten Klagenfurter ignorieren das Theater um den Ingeborg-Bachmann-Preis. Der Ingeborg-Bachmann-Preis gilt indes als sehr bedeutend. Diese Bedeutung verdankt sich …

Da bei solch einer linearen Progression inhaltlich immer etwas aus dem vorhergehenden Satz Thema ist, hat man die Sätze inhaltlich verständlich miteinander verknüpft, hat Kohärenz geschaffen. Und man kommt zudem thematisch schnell voran. Daher bietet sich diese Art der Progression, der Entfaltung, besonders an für Texte, die vor allem verständlich sein sollen, für Informationstexte etwa.

Dagegen weist die thematische Progression mit durchlaufendem Thema eine Folge von Äußerungen auf, die stets das gleiche Thema haben:

Der Ingeborg-Bachmann-Preis gilt indes als sehr bedeutend. Er wird von Autoren gern als Sprungbrett in den Literaturbetrieb genutzt. Dieser Preis wird öffentlich vergeben. Er ist seiner Bedeutung zum Trotz allerdings gar nicht mal so arg hoch dotiert.

Die thematische Progression mit abgeleitetem Thema arbeitet zwar mit verschiedenen Themen, doch haben alle Themen einen Bezug zum Grundthema, um das es eigentlich immer geht:

Der alte Angler wollte dieses Mal den Riesenwels unbedingt erwischen. Sein Freund hatte allerdings die Aalköder vergessen. Einige Vereinskameraden des Anglers konnten jedoch aushelfen. Der Erfolg ließ lange auf sich warten, war dann aber um so größer – im wahrsten Sinne des Wortes: ein Wels von 2,73 m.

Das Grundthema ist: *der alte Angler*. Alle anderen Themen stehen in einem direkten Bezug dazu. Im ersten Folgesatz ist dieser Bezug durch das Possessivpronomen *sein* hergestellt, im zweiten durch das Genitivattribut *des Anglers*. Im dritten Satz muss der Bezug aus dem Zusammenhang ergänzt werden: *der Erfolg (des Anglers)*.

Die lineare thematische Entfaltung kann man noch unterstreichen (und damit die Verständlichkeit), indem man entsprechende rhetorische Figuren einsetzt (vgl. die Punkte 50 und 51).

16 *Rudi Radler hatte ohne Bedenken dieses neue EPO konsumiert. Zwei Etappen konnte er gewinnen!*
Verständlicher:
Rudi Radler hatte ohne Bedenken dieses neue EPO konsumiert. Deshalb konnte er zwei Etappen gewinnen!

Deutlich machen, wie die Satzgedanken miteinander zusammenhängen

Ein Text wird nur dann als Text verstanden, wenn ein gedanklicher Zusammenhang zwischen den Textelementen besteht (Kohärenz). Solche Zusammenhänge können verschiedener Art sein, z. B.

- kopulative: ein Zusammen-vorhanden-Sein
- disjunktive: ein Alternativ-vorhanden-Sein
- adversative: Gegensatz
- kausale: Ursache – Wirkung (von der Wirkung aus gesehen)
- konsekutive: Ursache – Wirkung (von der Ursache aus gesehen)
- implikative: Grund – Folge
- konzessive: Einschränkung
- finale: Zweck
- instrumentale: Mittel
- modale: Art und Weise
- temporale: Zeit
- lokale: Ort
- direktive: Richtung
- u. v. m.

Wenn wir einen Text erstellen, können wir uns oft auf das Weltwissen der Leser verlassen und darauf vertrauen, dass sie die gedanklichen Zusammenhänge zwischen zwei Textelementen schon erfassen:

Rudi Radler hatte ohne Bedenken dieses neue EPO konsumiert. Zwei Etappen konnte er gewinnen!

Wer sich halbwegs auskennt, wird auf Doping schließen, also auf einen instrumentalen Zusammenhang der beiden Satzgedanken. EPO war offensichtlich das Mittel, Instrument, das den Radrennfahrer plötzlich so leistungsfähig gemacht hatte. Diesen Zusammenhang kann man erschließen. Man kann aber auch – und manchmal muss man es – mit bestimmten sprachlichen Mitteln auf diesen Zusammenhang hinweisen:

Rudi Radler hatte ohne Bedenken dieses neue EPO konsumiert.
Deshalb konnte er zwei Etappen gewinnen!

Konnektoren nennt man solche Wörter, die den gedanklichen Zusammenhang zwischen Sätzen klären. Ganz typische Konnektoren sind zunächst einmal die Konjunktionen: die nebenordnenden (*und, oder, aber, sondern, denn, sowohl – als auch, weder – noch, zwar* usw.) und die unterordnenden (*als, während, wenn, weil, obwohl, dass, ob, damit, ohne (zu), um (zu), anstatt (zu)* usw.). Allerdings sind die Subjunktionen nie satzübergreifend und die meisten der nebenordnenden Konjunktionen nur selten. Und die Einteilung dieser Konjunktionen in kopulative Konjunktionen (*und, oder*), in adversative (*aber, sondern*), in kausale (*denn, weil, da*), in konzessive (*obwohl, wenngleich*) usw. weist schon darauf hin, welche Art gedanklichen Zusammenhangs wir jeweils signalisieren wollen.

Doch nicht nur Konjunktionen signalisieren Konnexion. Adverbien und Partikeln können dies ebenfalls, und zwar auch satzübergreifend. Und wann handelt es sich bei Adverbien um satzübergreifende Konnektoren? Immer dann, wenn die Sätze, in denen die fraglichen Adverbien vorkommen, nicht sinnvoll allein vorkommen können, sondern entweder einen vorangehenden Satz fordern oder aber einen nachfolgenden. Beispiel:

Das neue EPO lässt sich nämlich (noch) nicht nachweisen.

Der Konnektor *nämlich* signalisiert eine Kausalbeziehung, genauer: die nachgelieferte Ursache. Also impliziert ein solcher Satz, dass die Wirkung schon bekannt ist, dass es folglich einen vorangehenden Satz geben muss, der von eben dieser Wirkung handelt, etwa:

Rudi Radler hatte ohne Bedenken dieses neue EPO konsumiert.
Das neue EPO lässt sich nämlich (noch) nicht nachweisen.

Die Leistung dieser kleinen Wörter, der Konnektoren, für die Textverständlichkeit wird nicht selten unterschätzt. Aber Konnektoren machen es dem Leser – gerade bei schwierigen komplexen Texten – um vieles leichter, die gedanklichen Zusammenhänge zu erfassen.

Das Wort *schon* etwa kann als Temporaladverb verwendet werden oder auch als Abtönungspartikel. Als Abtönungspartikel hat es auch die Textfunktion eines Konnektors. Anders als *nämlich* fordert *schon* aber nicht einen vorangehenden Satz, sondern einen erläuternden nachfolgenden, und zwar einen einschränkenden:

Das neue EPO ist an sich <u>schon</u> sehr leistungssteigernd. Allerdings ist eher wahrscheinlich, dass es in einigen Monaten doch nachgewiesen werden kann.

Mit dem Konnektor *schon* können wir also ankündigen, dass es gleich eine Einschränkung geben wird, können wir also den Leser schon einmal einstimmen. Das erleichtert es ihm ungemein, den Zusammenhang ganz unmittelbar zu erfassen.

Weitere Konnektoren dieser Art sind u. a.: *allerdings, bloß, doch, freilich, immerhin, eigentlich, sicherlich/sicher, vielleicht, nun* (als Partikel) u. a.

17 Texte verständlich aufbauen

Texte, die darauf angelegt sind, leicht verstanden zu werden, vornehmlich also Informationstexte, bedürfen zunächst einmal einer klaren Gliederung der Gedanken. Außerdem zeigt die Erfahrung, dass ein sauber gegliederter Text von vornherein weniger zu Schludrigkeiten auf der Satz- und Wortebene verleitet.

Was nun bedeutet klare gedankliche Gliederung im Einzelnen? Klar ist ein Informationstext, wenn er

- vorstrukturiert ist, d. h., der Leser schon einmal vorab allgemein informiert wird darüber, was ihm da eigentlich nahegebracht werden soll
- logisch aufgebaut ist, vom Allgemeinen zum Besonderen voranschreitet
- komplexe Abschnitte immer wieder mal kurz in der Art einer Ergebnisübersicht zusammenfasst
- durch Kapitel- und Abschnittsüberschriften sinnvoll gegliedert ist
- durch Absätze sinnvoll gegliedert ist
- Stutzwiderstände (stimulierende kognitive Konflikte) bietet

Vorstrukturierung

Aller Anfang ist schwer. Warum nur? Weil man da noch nicht weiß, was auf einen zukommt. Da hilft ungemein eine allgemeine Information darüber, worum es sich dreht, was – im Wesentlichen –

Thema ist. Der Leser kann sich dann aus seinem Vorwissen schon mal grobe Bewältigungsstrategien zurechtlegen, die dann gegebenenfalls während des Lesens fortlaufend nachgebessert werden können. Er kann das, was kommt, leichter in seinen Erfahrungs- und Wissenshorizont einbauen, an bereits Bekanntes anschließen – eben leichter verstehen.

Solch eine Vorstrukturierung wird je nach Länge und Komplexität des Textes ganz unterschiedlich ausführlich sein. Oft ist es schon mit einer Überschrift getan, die das Thema deutlich macht. Die Vorstrukturierung kann aus einer inhaltsorientierten Gliederung bestehen oder aus einer vergleichsweise ausführlichen Einleitung. Stets wird man aber die Ausführlichkeit an der unteren Grenze des gerade Notwendigen halten: Aussagekraft vor Ausführlichkeit.

Wenn die Vorstrukturierung lediglich aus einer Überschrift besteht, liegt natürlich ein besonderes Gewicht auf der Aussagekraft. Hier verbieten sich dann etwa Titel, die mehr der Anregung, der Stimulation dienen und mit Paradoxien, Metaphern, Wortspielen und Ähnlichem arbeiten. Das Thema muss klar werden.

Kein wildes Durcheinander: vom Allgemeinen zum Besonderen

Wer Informationen nicht wild durcheinander anbietet, sondern hierarchisch geordnet vom Allgemeineren zum Besonderen, wird besser verstanden. Man könnte das ein Fächerprinzip nennen: Von einem übergeordneten Konzept aus gelangt man über mehrere Stufen (über wie viele, das hängt natürlich vom jeweiligen Thema ab) zu ganz konkreten Einzelinformationen.

Selbstverständlich ist nicht gleich eine allgemeine Erörterung der thermodynamischen Grundprinzipien vonnöten, um darzulegen, wie eine defekte Fußbodenheizung zu reparieren ist. Wo etwa ein Rückgriff auf die allgemeine Thermodynamik wirklich nötig sein sollte, wird der Autor dies kurz plausibel machen, das Thema möglichst ohne Umschweife an die Kenntnisse und Interessen des Lesers anbinden und es dann vom Allgemeinen zum Besonderen hin entwickeln.

Zwischenzusammenfassungen

Einzelinformationen verschwimmen im Gedächtnis im Laufe der Zeit (und häufig schon im Laufe der Lesezeit) ziemlich schnell. Je spezieller eine Information ist, desto leichter wird sie in der Regel vergessen (es sei denn, sie wiese besondere Eigenschaften auf).

Um dem entgegenzuwirken, sind bei längeren Texten nachgestellte Zusammenfassungen sinnvoll. Bei sehr umfangreichen Texten haben sich Zwischenzusammenfassungen bewährt.

Anders als die Vorstrukturierung, die eine Übersicht über die allgemeineren Strukturen des Textes gibt, wiederholt eine nachgestellte Zusammenfassung die aus allgemeineren Konzepten abgeleiteten wichtigen Einzelinformationen. Eine Zusammenfassung hält die relevanten Ergebnisse fest.

Wann eine Zusammenfassung angebracht ist, hängt weniger von der Textmasse als von der Textkomplexität ab, also davon, wie viele Einzelinformationen vermittelt werden und wie schwierig die Ableitung der Einzelinformationen aus übergeordneten Konzepten ist. Da ist die Urteilskraft des Autors gefragt.

Zwischenüberschriften

Sind die Texte länger, helfen Zwischenüberschriften dem Leser, Informationen unter Obergesichtspunkte unterzuordnen. In Zusammenhang mit dem Inhaltsverzeichnis sind sie wiederum als Vorstrukturierung «für zwischendurch» anzusehen und daher unter Gesichtspunkten der Textverständlichkeit durchaus positiv.

Absätze

Zu einem neuen Gedankengang gehört ein neuer Absatz. Denn einzelne Sinneinheiten zu trennen, erleichtert das Verständnis ungemein. Natürlich ist es eine Frage der Einschätzung, ab wann etwas als neuer Gedankengang gelten darf.

Gerät der Absatz zu lang, werden eigenständige Sinneinheiten nicht hinreichend getrennt. So verschenkt man diese Gliederungsmöglichkeit, weil der Absatz dann nur ähnlich allgemein gliedert wie Abschnitt oder gar Kapitel. Die Gliederungsleistungen von Absatz, Abschnitt und Kapitel sollten im Interesse der Verständlichkeit nicht durcheinandergebracht werden.

Wenn der Autor dagegen regelmäßig nach zwei, drei Zeilen einen neuen Absatz macht, verschenkt er ebenfalls die verständlichkeitsfördernde Gliederungsleistung des Absatzes. Denn dann kommt die Gliederungsleistung des Absatzes der des Satzes (des Punktes) ins Gehege.

Mut zur Zumutung: Stutzwiderstände

Zum Verstehen gehört die Seite des Autors, der verständlich schreibt. Zum Verstehen gehört aber auch der Leser: Verstehen können bedingt verstehen wollen. Im Normalfalle ist die Bereitschaft, etwas verstehen zu wollen, schon eine sehr große Hilfe dafür, dies auch verstehen zu können. Daher gehört zur Textverständlichkeit ganz zentral auch der Aspekt der Motivation. Wir sollten den Leser dazu bringen, neugierig auf das Geschriebene zu sein. Neugierig machen kann aber auch ein gewisses Maß an Anforderungen bedeuten, die wir an den Leser stellen, ein gewisses Maß an nicht völlig mundgerechter Kost.

Jemandem etwas mundgerecht servieren, das kann man ganz wörtlich und auch im übertragenen Sinne. Im Grunde bedeuten die Techniken des verständlichen Schreibens nichts anderes als ein solches mundgerechtes Servieren. Wie im wörtlichen Sinn hat aber auch im auf das Verstehen übertragenen Sinn das mundgerechte Servieren seine Grenzen. Manchmal hat man die fein ausgewogenen und dargebotenen Portiönchen der Nouvelle Cuisine schon satt, obwohl man von ihnen eigentlich gar nicht satt werden kann. Da möchte man sich gern einmal wieder mit beiden Händen an einer deftigen Keule abarbeiten oder etwas wirklich Neues, Exotisches entdecken. Und so etwas kann auch beim Lesen passieren: Allzu leicht verdauliche, allzu fade Informationshäppchen werden schon mal die Aufmerksamkeit des Lesers passieren. Wer verständlich informieren will, darf in seinem Bestreben, es dem Leser so leicht wie möglich zu machen, keineswegs jegliche Banalitätsgrenze unterschreiten. In gewissem Maße wird das Interesse des Lesers auch durch Anforderungen gefesselt, die man an ihn stellt.

Wie weit man mit solchen Anforderungen gehen kann oder gehen sollte, hängt selbstverständlich von der Art der Leser ab, von der Zielgruppe. Daher noch einmal der Hinweis auf den allgemeinen rhetorischen Rahmen schriftlicher Kommunikation (siehe

Punkt 4). Es ist ungemein wichtig, sich über die zu erwartende Leserschaft so weit wie möglich zu unterrichten.

Viel mehr als bei informativen Texten stehen bei persuasiven Texten nicht selten die anregenden Momente im Vordergrund: Man will erst einmal die Aufmerksamkeit des Lesers heischen, um ihn dann zu überzeugen (eventuell auch nur zu überreden).

Wie aber heischt man die Aufmerksamkeit des Lesers, was regt seine Neugier an? Zum Beispiel durch

- inkongruenten Rückbezug auf Bekanntes
- Alternativen
- weitere Überraschungseffekte
- Spannung

Ein **inkongruenter Rückbezug** auf eigentlich Bekanntes wäre es etwa, wenn ein Hersteller von Fertigungsrobotern verkündet, er werde aus wirtschaftlichen Gründen wieder die Handarbeit einführen. Mit Handarbeit wird heute im Allgemeinen teure Arbeit verbunden. Insofern ist dieser Rückgriff inkongruent und erweckt Neugier. Die dann natürlich meist konventionell befriedigt wird. So könnte das Unternehmen z. B. einen Gelenkarmroboter entwickelt haben, der ein Werkstück bearbeiten kann, wie das sonst nur eine Hand könnte. Der Roboter kann das Stück drehen, wenden und einsetzen, wie es spezifisch gefordert ist: *Handarbeit per Roboter* könnte der Hersteller in einem inkongruenten Rückbezug auf Bekanntes dazu sagen.

Wenn zunächst verschiedene **Alternativen** für die Lösung eines Problems angeboten werden, erzeugt dies wiederum im Leser einen kognitiven Konflikt: Er möchte wissen, welche denn nun die richtige ist, und seine Neugier lässt ihn aktiv mitsuchen. Zudem gibt es auch einen kleinen Spannungsaspekt.

Überraschungseffekte können stets – wenn sie nicht zu verstörend sind – Neugier wecken. Solche Das-hätte-ich-nicht-gedacht-Effekte lassen sich auf die unterschiedlichste Art erzielen. Scheinbare Paradoxien (Widersprüchlichkeiten) können sie z. B. hervorrufen: *Im Sommer wird es besonders kalt*, wenn es etwa darum geht, eine mit Sonnenenergie betriebene Eissporthalle in Saudi-Arabien zu beschreiben. Auch verblüffend neu gedrehte Wendungen überraschen: *Es ist noch gar nicht alles da gewesen!*

Je mehr es einem Autor gelingt, **Spannung** zu erzeugen, desto eher kann er sich die eine oder andere Lässlichkeit wider die Verständlichkeit erlauben. Spannung erzeugen heißt, den Ablauf eines Textes so auf die Interessen und Erwartungen des Lesers zuzuschneiden, dass dieser ganz unbedingt wissen will, wie es ausgeht.

Um all diese Anregungen im Einzelnen sprachlich überzeugend zu formulieren, kann man auf einige rhetorische Figuren und die Bildlichkeit zurückgreifen (siehe unten, ab Punkt 23).

18 Verständliche Wörter

Ein Wort kann man für vieles einsetzen. An dieser Stelle kümmern wir uns um all das nicht – außer um die Verständlichkeit. Gibt es Faustregeln, die sagen, wann ein Wort besonders verständlich ist? Es gibt sie. Die Verständlichkeitsforscher führen meist drei Kriterien an. Danach hat ein Wort besonders große Chancen, unmittelbar verstanden zu werden,

- wenn es zu einem möglichst frühen Zeitpunkt des Spracherwerbs erlernt worden ist
- wenn es kurz ist (ein oder zwei Silben)
- wenn es keine abstrakte, sondern eine konkrete anschauliche Bedeutung hat

Ein Wort, das alle drei Kriterien erfüllt, versteht man im Allgemeinen besonders leicht, etwa: *Mama, Hund, Haus, Ball, Milch, Tüte* usw. Entsprechend ist halt ein Wort, das keines dieser Kriterien erfüllt, etwas bis sehr viel schwerer zu verstehen, etwa: *fadenscheinig, Eigentlichkeit, versinnbildlichen, Solipsismus, Aktinität, inaugurieren* usw.

Bestimmte Wörter erfüllen ganz regelmäßig mindestens eine der drei Kriterien nicht, etwa: Fremdwörter, Fachwörter, Neologismen, Archaismen, Funktionsverbgefüge; manche erfüllen sie immerhin häufig nicht, etwa Wortzusammensetzungen. Zählt ein Wort zu einer der genannten Gruppen, so ist zumindest Vorsicht geboten, denn solch ein Wort macht einen Text selten verständlicher.

19 Body Bag
Verständlicher:
Umhängetasche

Vorsicht bei Fremdwörtern

Was Fremdwörter an Stileffekten bringen können, davon später
mehr. Was man im Hinblick auf die Verständlichkeit beachten
sollte, wenn man Fremdwörter verwendet, ist leicht gesagt: Selbstverständlich ist es verständlicher, wenn man statt eines wenig geläufigen Fremdwortes ein geläufigeres Wort verwendet. Jedoch: Bitte
keinen kleinlichen Purismus. Für viele Fremdwörter gibt es kein genau entsprechendes Pendant, viele sind hinreichend oder besser eingeführt als ein entsprechendes heimisches Wort.

Wer Fremdwörter verwendet, sollte dies jedoch ganz besonders
adressatenorientiert tun. Was kann man der entsprechenden Zielgruppe an Fremdwortschatz gerechtfertigt unterstellen? Und dabei
darf man getrost davon ausgehen, dass meist überschätzt wird, wie
geläufig denn dem Publikum zum Beispiel Amerikanismen aller Art
sind. Was Leute so alles unter dem Slogan *Come in and find out* einer Parfümeriekette verstehen wollten, ist ja geradezu berüchtigt
geworden.

Und häufig langen auch die Autoren selbst gehörig daneben,
wenn sie durch einen schicken Amerikanismus auffallen wollen.
Ein schaurig-schönes Beispiel war da der *Body Bag*, den ein Unternehmen als kleine Aufmerksamkeit Neukunden zugedacht
hatte. Es war eine Umhängetasche. Verwendet wird *body bag* im
Englischen aber im Sinne von *Leichensack*. Sollte das etwa nur
vorausschauend gedacht gewesen sein: *An später denken: Särge
schenken*?

20 *Fliegende Bauten*
Verständlicher:
Bierzelte, Würstchenstände, Baustellencontainer usw.

Fachwörter

Wie bei den Fremdwörtern ist es bei den Fachwörtern wichtig, sie konsequent adressatenorientiert einzusetzen. Kurz gesagt: Fachwörter sind für Fachleute. Schreibt man für Laien, vermeide man sie. Was zu sagen ist, muss ohne Fachwörter gesagt werden. So wird man dem interessierten Häuslebauer nicht unvorbereitet mit *Ortgängen, Dampfbremsen, fliegenden Bauten* oder *Perimeterdämmungen* kommen. Solche Begriffe gieren geradezu danach, entweder umschrieben oder erklärt zu werden. (Übrigens: *Ortgang* nennen die Bauleute den Anschluss von Giebelwand und Dach. Unter *Dampfbremsen* versteht man Bauteile, die Wasserdampf nicht oder nur sehr eingeschränkt durchlassen. *Fliegende Bauten* sind laut Bauordnung bauliche Anlagen, die geeignet und bestimmt sind, wiederholt aufgestellt und zerlegt zu werden. Die *Perimeterdämmung* ist eine feuchtigkeitsbeständige Wärmedämmung, die außen, meist im Keller oder Sockelbereich, angebracht wird und in hinreichendem Maße druckbeständig ist.)

Fachbegriffe hinreichend knapp zu umschreiben, ist nicht immer ganz einfach. Ohne «Einfall» kommt man da selten zurecht. Häufig kann man einen abstrakten Begriff durch einen konkreten ersetzen. Wer etwa von *fliegenden Bauten* spricht, weiß in der Regel, worum genau es geht, und kann daher auch gut z. B. *Bierzelte* verwenden. Statt davon zu reden, dass der Boden unter der *Vierung* (Raumteil einer Kirche, der durch die Durchdringung von Langhaus und Querhaus entsteht) zu befestigen sei, kann man das nennen, was dort konkret steht (vielleicht ist es der Altar): *Der Boden unter dem Altar* [*unter dem Altarraum*] *ist zu befestigen.*

21 Einspritzdruckminimierungsverfahren
Verständlicher:
Verfahren, den Einspritzdruck zu minimieren

Wortzusammensetzungen

Zickzack, Lumpenproletariat, Blitzkrieg, Leitmotiv, Brückenkopf, Weltschmerz, Kindergarten, Leberwurst, Waldsterben, Weltanschauung: Diese Wörter haben zweierlei gemein: Erstens treten sie in anderen Sprachen als Fremdwörter aus dem Deutschen auf: *I rode a tank, held a gen'rals rank when the blitzkrieg raged and the bodies stank* (Rolling Stones: «Sympathy for the devil»). Zweitens sind diese Wörter Zusammensetzungen aus anderen Wörtern. Und es ist wirklich auffällig, wie häufig gerade diese Zusammensetzungen Eingang in fremde Sprachen gefunden haben.

Mit solchen Zusammensetzungen können ausdrucksstarke neue Wörter gebildet werden. Gerade im Bereich der Kraftausdrücke wird stark damit gearbeitet: *Schattenparker, Warmduscher, Frauenversteher, Saftsack, Dünnbrettbohrer, Spargeltarzan, Sackgesicht, Schlappschwanz* usw. sind halt derb, aber ungemein ausdrucksstark, eben irgendwie treffend. Und im Prinzip kann sich jeder an solcher Sprachschöpfung beteiligen.

Der Länge solcher Zusammensetzungen ist im Deutschen im Prinzip keine Grenze gesetzt. Man denke nur an den berüchtigten *Donaudampfschifffahrtsgesellschaftskapitän* oder an so wenig sinnliche Ausdrücke wie *Produktionsmittelbeschaffungsstelle, Asylantenabschiebeverfahren, Rentenversicherungsgesetznovellierung, Einspritzdruckminimierungsverfahrensprüfung* oder ähnliche.

Solche Bandwurmwörter sind nun wirklich keine Hilfe, um einen Text verständlich zu halten. Das liegt weniger an deren Länge. Solange solche Zusammensetzungen lexikalisiert sind, also zum überkommenen Wortschatz gehören, sind sie durchaus verständlich. Denn wir haben die Bedeutung im Spracherwerb einfach irgendwann einmal auswendig gelernt. Darum verstehen wir sie – einmal gelernt – unmittelbar: *Nahrungsmittelunverträglichkeit, Überbrückungskredit, überlebensgroß, zweckentfremden* usw.

Die Länge ist nicht das Problem, sondern die Grammatik der Wortzusammensetzung, genauer die Semantik, das heißt, wie man von der Art der Zusammensetzung auf deren Bedeutung schließen kann. So ist ein *Möbelfahrer*, jemand der Möbel fährt, und ein *Kohlenfahrer* jemand, der Kohlen fährt. Aber ist deshalb ein *Geisterfahrer* jemand, der eine besonders exquisite Klientel befördert? Wohl kaum. Das heißt: Die Bedeutungen der Bestandteile einer Wortzusammensetzung sind aufeinander bezogen, aber es ist nicht gesagt wie.

Bei lexikalisierten Zusammensetzungen ist das unproblematisch, da wir gelernt haben, was sie bedeuten. Schwieriger ist das bei den vielen Spontanzusammensetzungen, die wir alltäglich fabrizieren und die nie den Weg in irgendein Lexikon finden. Da müssen die Leser die Bedeutung mühsam aus dem Zusammenhang enträtseln – und scheitern an dieser Aufgabe auch schon einmal. Es hilft dann, auf die klare Grammatik des Verbs zurückzugreifen, um klarzustellen, was gemeint ist. Ein Satz wie

Die Einspritzdruckminimierungsverfahrensprüfung darf nicht vom herstellenden Betrieb selbst durchgeführt werden

ließe sich durch Verben durchaus etwas verständlicher gestalten:

Das Verfahren, den Einspritzdruck zu minimieren, darf der herstellende Betrieb nicht selbst prüfen.

Oft sind auch die oben noch gescholtenen Genitiv- oder Präpositionalattribute immer noch weniger unverständlich als Bandwurmwörter: *Verfahren zur Minimierung des Einspritzdrucks.* Besser natürlich, wenn man ein Verb, das heißt meist einen Nebensatz oder eine Infinitivkonstruktion, zu Hilfe nimmt: *Verfahren, den Einspritzdruck zu minimieren.*

22 *In Anrechnung bringen*
Verständlicher:
anrechnen

Funktionsverbgefüge

Wenn der Amtsschimmel wiehert, wiehert er natürlich in Amtssprache. Zu deren hartem Kern gehören diese stocksteifen Fügungen aus einem wenig sagenden Verb und einem die Bedeutung tragenden Substantiv: *zur Anwendung/Ausführung gelangen/kommen, in Rechnung stellen, in Augenschein nehmen, zur Sprache*

bringen, Überlegungen anstellen, Mitteilung machen, Bezug neh-
men, Anstrengungen unternehmen, in Erwägung ziehen, in Abzug
bringen, in Erfahrung bringen, unter Beweis stellen, in Kenntnis set-
zen, in Wegfall kommen …
Funktionsverbgefüge (veraltet auch: Streckformen) nennt man
diese Ausdrücke. Sie machen einen Text etwas weniger verständlich, weil sie vom Leser verlangen, erst einmal die Beziehung zwischen dem Verb und dem Substantiv nachzuvollziehen: Wen stelle
ich an? Überlegungen. Das wäre beim einfachen Verb *überlegen* gar
nicht nötig. Hier wird nur aufgebläht.

Werden Funktionsverben eingesetzt, entstehen oft Satzklammern:
Das Prädikat wird durch andere Satzglieder in zwei Teile geteilt.
Dabei steht das Substantiv des Gefüges am Ende des Satzes, also der
eigentlich bedeutungstragende Teil des Funktionsverbgefüges:

Durch sein unsicheres Lavieren stellt der Betriebsrat nicht gerade
eine sehr hohe fachliche und menschliche Kompetenz unter Beweis.

Damit wird der Leser unnötig lange auf die Folter gespannt, bevor er erfahren darf, was da eigentlich getan wird. Allerdings ist dies
nur ein zweitrangiges Argument gegen Funktionsverbgefüge. Denn
Satzklammern, bei denen der bedeutungstragende Teil erst am Ende
des Satzes auftaucht, entstehen im Deutschen in allen zusammenge-
setzten Konjugationsformen (… *hat … bewiesen*).

Doch vor allem, um die wenig motivierten Blähungen zu vermeiden, ist es meist verständlicher, wenn statt dieser Gefüge die entsprechenden einfachen Verben verwendet werden:

Durch sein unsicheres Lavieren beweist der Betriebsrat nicht ge-
rade eine sehr hohe fachliche und menschliche Kompetenz.

Allerdings ist zu bedenken, dass die einfachen Verben bisweilen
nicht ganz genau das Gleiche bedeuten wie die Gefüge. So stuft das
Gefüge *zum Abschluss bringen* im Vergleich mit dem Verb *abschlie-*
ßen den Vorgang mehr ab und legt einen größeren Nachdruck auf
das Ergebnis. Anders als *erwägen* betont *in Erwägung ziehen* den
Ablauf des Vorgangs stärker und hebt die Sorgfalt des Prüfens hervor. Andere Verbgefüge bieten eine passivische Darstellung, was es
etwa erlaubt, den Handelnden auszusparen. Das ist in Verwaltungstexten oft erwünscht. Wer *anwenden* sagt oder schreibt, muss auch
sagen oder schreiben, wer anwendet. Das erübrigt sich bei *zur An-*
wendung kommen: XY wendet Paragraph 08/15 an. / Para-
graph 08/15 kommt zur Anwendung.

23 Attraktiv schreiben

«Es sind nur Worte, und Worte sind alles, was ich habe, um dein Herz zu gewinnen» – «It's only words and words are all I have to take your heart away» (The Bee Gees). So ist das halt: Wem eine Kalaschnikow (oder ein anderes Machtmittel) gerade nicht zur Verfügung steht oder wem der Umgang damit – was wir doch hoffen wollen – eher unangenehm ist, der ist auf die Macht des besseren Argumentes zurückgeworfen, wenn er jemanden überzeugen möchte. Persuasive Texte (vor allem in der Politik und vor Gericht) haben schon immer dazu herausgefordert, Formulierungsstrategien zu entwickeln, die besonders wirksam die Redeabsicht des Autors umsetzen.

Attraktiv schreiben heißt stets anders schreiben, als es erwartet wird, als es unsere durchaus hilfreichen Schreibschemata, die Textsorten, normalerweise hergeben. Anders heißt schon auch auffallen:
- ein Mehr oder ein Weniger
- ein Besser oder ein Schlechter
- ein Früher oder ein Später
- eine Verkürzung oder eine Ausführung
- eine Vereinfachung oder eine Verfremdung
- und, und, und

Mit anderen Worten: Attraktiv schreiben heißt Stileffekte erzielen.

Was nun macht einen Stileffekt aus? Das können wir gut erläutern über den Zusammenhang der Begriffe:
- stilneutral
- Stilwert (Stilmittel)
- Stileffekt
  - positiv
  - negativ (Stilblüte)

Wir alle, die wir sprechen oder schreiben, tun dies in unglaublich vielen verschiedenen Stilen. So wird der Linguist in seinem professionellen Umfeld etwa an der Universität ganz anders reden (und gar schreiben erst) als auf dem Fußballplatz mit seinen Kumpeln, wieder anders beim Wochenendbesuch mit seiner Oma, wieder anders, wenn er einen Antrag an das Bauordnungsamt stellt, wieder anders … So dürfte sein Stil an der Universität wohl eher von grammatisch präzisen Konstruktionen mit einem gewissen Repertoire an linguistischen Fachtermini und einem sachlichen Duktus geprägt sein: *Sehr lange Partizipgruppen und Reihungen von Genitiv- und Präpositionalattributen sind recht typisch für die Amtssprache.*

Auf dem Fußballplatz dagegen wird kaum Zeit für überlange Sätze bleiben, manchmal nicht einmal für vollständige. Auch die Fachtermini werden andere sein, und es darf eine weitaus emotionalere (auch derbere) Ansprache erwartet werden: *Abseits!* oder: *Ej, du Tuppes, latsch mir nicht immer auf die Socken!*

Mit der Oma wiederum wird sich unser Linguist eher in normaler Umgangssprache unterhalten und ihr wohl schwerlich mit irgendwelchen Fachtermini kommen (es sei denn, sie ist selbst Linguistin und/oder Fußballerin), und man darf eine Ansprache von dezenter – wir hoffen mal: liebevoller – Emotionalität annehmen: *Nikoletta war ganz aus dem Häuschen über die neuen Schlittschuhe. So ein liebes Geschenk, aber du solltest deine Urenkel auch nicht zu sehr verwöhnen.*

Man darf einem Linguisten vielleicht unterstellen, dass er versiert genug ist, sich in der Kommunikation mit einem Amt dagegen ein wenig auf die Amtsprache einzulassen. Er wird vielleicht Nominalisierungen und Reihungen von Genitiv- und Präpositionalattributen verwenden, längere Partizipgruppen, Funktionsverbgefüge oder typisches Vokabular: *Von der Einrichtung einer Wegelast auf dem angesprochenen Grundstück bitte ich daher aufgrund der oben ausführlich dargelegten Sachlage zwecks Freihaltung für Bauzwecke abzusehen.*

In diesen Stilen, man nennt sie Funktionalstile, tauchen viele Wörter, Wendungen und Konstruktionen auf, die wir ohne Weiteres in allen Arten von Texten verwenden können. In den letzten vier Beispielsätzen sind das unter anderem Wörter wie *der, und, von, war, ich, immer, sehr, nicht, daher, deine.* Solche universell einsetzbaren Wörter, Wendungen und Konstruktionen sind stilneutral, das heißt, sie sind nicht an einen bestimmten Stil gebunden.

Andere Wörter, Wendungen und Konstruktionen sind dagegen eher typisch für bestimmte Funktional-, Schichten-, Altersgruppen-, Epochenstile usw. So sind etwa Termini wie *Präpositionalattribut, Partizipgruppe* typisch für linguistische Texte, *abseits/Abseits* für Fußballsprache, die Präposition *zwecks* und z. B. Nominalisierungen für die Amts- und Verwaltungssprachen. Man sagt, solche Wörter, Wendungen und Konstruktionen haben einen Stilwert. Sie charakterisieren den Text als zu einem bestimmten Funktional-, Schichten-, Altersgruppen-, Epochenstil usw. gehörend.

Stileffekte kann ein Autor weder mit Stilneutralem erzielen noch mit Wörtern, Wendungen und Konstruktionen, die genau den Stilwert aufweisen, der für den jeweiligen Funktional-, Schichten-, Altersgruppen-, Epochenstil usw. typisch ist. Einen Stileffekt erzielt er nur, wenn er etwas mit einem bestimmten Stilwert wohlüberlegt in einem ganz anderen als dem vorgesehen Texttyp, als der vorgesehenen Textsorte verwendet. So erzielen in folgendem Mobbing-Beispiel etwa die Wörter *Abseits* und *zurückpfeifen* einen gewissen Stileffekt, weil sie außerhalb ihres ursprünglichen Einsatzgebietes, der Fußballsprache, verwendet werden:

Was, die Schmieder-Pallendorff will hier Karriere machen? Die lassen wir doch locker ein ums andere Mal ins Abseits laufen. Wir sorgen schon dafür, dass die Tusse immer wieder zurückgepfiffen wird.

Solch eine Übertragung muss natürlich passen. Passt die Übertragung nicht, ist die berüchtigte Stilblüte die Folge: *Die Einwohner von San Marino ernähren sich hauptsächlich von Touristen.*

Das heißt:
- Der Autor muss den Stileffekt ganz bewusst einsetzen
- Der Autor muss dies so tun, dass auch dem Leser klar wird: dieser Effekt, also die Übertragung, ist gewollt
- Die Übertragung muss natürlich passen
- Der Stileffekt muss eine Funktion erfüllen, z. B. die Aussage auf den Punkt bringen, die Aufmerksamkeit des Lesers heischen o. Ä.

24 Attraktiv schreiben auf Wortebene

Herausragende Bedeutung haben schon allein in dem speziellen Gebiet der Rhetorik als der Lehre von der persuasiven, der überzeugen wollenden Kommunikation die Begriffe *Redezweck* (lat.

utilitas causae) und *Angemessenheit* (lat. *aptum*). Was als rhetorisches Mittel, als Stilmittel, geeignet ist, hängt davon ab, was man sagen/schreiben oder erreichen will (Redezweck) und unter welchen Umständen man redet/schreibt (Angemessenheit).

Das heißt wiederum: Ein einfaches Rezept für guten Stil aufzuschreiben wird so nicht funktionieren. Das gilt umso mehr, wenn wir neben den persuasiven Texten auch die anderen Texttypen mit einbeziehen. Was stilistisch attraktiv sein will (und das gilt nicht nur für die Wortebene), hat – mit unseren Worten gesagt – mindestens zu berücksichtigen:

- Texttyp, Textsorte (Redezweck)
- Zielgruppe (Adressatenorientiertheit)
- Gegenstand (Sachangemessenheit)
- Umstände (Situationsangemessenheit)

25 *Ich bin dir gegenüber emotional überaus positiv eingestellt* versus: *Ich mag dich echt gern*

Konkret und anschaulich?

Geradezu ein Standard der klassischen, normativen Stillehren ist die Forderung, konkret und anschaulich zu schreiben. Konkret und anschaulich Geschriebenes hat ja auch den unbestreitbaren Vorteil, dass es verständlicher ist als Abstraktes, Unanschauliches (vgl. Punkt 18). Und für bestimmte Texttypen und Textsorten ist das konkrete, anschauliche Wort sicher meist auch das attraktivere. Das gilt vor allem für narrative und expressive Texte. So erscheint ein schlichtes:

Liebe Trudi, ich mag dich echt gern

doch durchaus eindringlicher als ein abstraktes:

Geschätzte Trudi, ich bin dir gegenüber emotional überaus positiv eingestellt.

Auch in den meisten persuasiven und deskriptiven Texten wird der Autor das konkrete Wort vorziehen, also in einem Zeitungsartikel eher:

Die Verteidigung will nachweisen, dass der Zeuge nicht hätte schießen müssen, um selbst unverletzt zu bleiben
als:
Die Verteidigung will nachweisen, dass der Zeuge keineswegs in putativer Notwehr geschossen hat.

Gerade in Informationstexten wird man natürlich so verständlich – und damit auch so konkret – wie möglich formulieren wollen. Allein: Bisweilen macht da der Gegenstand einfach nicht mit. Wenn der Gegenstand abstrakt ist (theoretische Darlegungen), muss sich die Sprache fügen (Sachangemessenheit). Und selbstverständlich kann in einer Logikabhandlung durchaus ein Satz angemessen sein – und für die anvisierte Zielgruppe durchaus attraktiv, der mit Abstrakta nur so gespickt ist:

Übereinstimmung besteht innerhalb des Konstruktivismus hinsichtlich der Forderungen an eine konstruktive Logik, die im Unterschied zur klassischen Logik die Verwendung nur klassisch gültiger Aussagenschemata (z. B. das ‹tertium non datur›), das Stabilitätsprinzip (‹duplex negatio affirmat›), das Clavius'sche Gesetz und Schlussweisen (z. B. das indirekte Beweisverfahren zum Beweis affirmativer Aussagen, ‹reductio ad absurdum›) ablehnt (Jürgen Mittelstraß, «Enzyklopädie Philosophie und Wissenschaftstheorie»).

26 Die Gäste setzten sich mit dem Ordnungsamt ins Benehmen, um ihre Beschwerde vorzubringen
versus:
Die Gäste beschwerten sich beim Ordnungsamt

Wann eher Verben?

Überhaupt nicht neu sind die gegen die bösen Substantive ins Feld geführten lieben Verben. Allerdings gegen die Konkreta unter den Substantiven hat ja niemand etwas einzuwenden: *Hund, Keller, Ufer, Wankelmotor* usw. Auch Abstrakta wie *Mut, Zweifel, Liebe, Freude* usw. werden nicht abgelehnt. Der stilistische Unmut richtet sich vielmehr gegen (zusammengesetzte) Substantivierungen und Funktionsverbgefüge: *Zurschaustellung, Inkrafttreten, Hintansetzung, zur Anwendung bringen* usw. Sie lassen in Texten immer mindestens eine Spur von Papierdeutsch zurück. Wenn das, was eigentlich Handlung oder Geschehen oder Eigenschaft ist, durch Substantivierungen wiedergegeben wird, wirkt ein Text verdinglicht. In Verwaltungen sind solche Wörter Tradition und oft auch geschätzt, weil sie

- gut den gemeinten Sachverhalt wiedergeben, wo temporale, modale oder personale Bezüge, wie sie ein Verb darstellt, nicht gefordert sind
- komprimieren
- das Ergebnis gegenüber dem Vorgang betonen
- es oft ersparen, den/die Handelnden und/oder Betroffenen zu erwähnen, und über die Verdinglichung eine personenunabhängige Neutralität vermitteln

Sie können also funktional durchaus sinnvoll sein (schön sind sie selten): *Erst nach Inkrafttreten der Verordnung kann dieses Rechtsmittel zur Anwendung kommen.* Das Verständnis erschweren sie freilich allemal (vgl. Punkt 11 und 22).

Und egal, wie sehr man die Atmosphäre von Amtsstuben schätzen mag, im alltäglichen Umgang, in persuasiven Texten und ganz besonders in spannenden Geschichten oder bewegten Bekenntnissen, in narrativen und expressiven Texten also, wird man auf papierdeutsche Substantivierungen und Funktionsverbgefüge gern verzichten. Gerade in narrativen Texten geht es ja in der Regel um Handlung und um Geschehen, darum, wie es ausgehen mag, mithin um Spannung. Handlung und Geschehen aber werden am eindrücklichsten durch bedeutungsstarke Verben vermittelt. Denn die meisten Verben sind Handlungs- und Geschehensverben, und diese zeichnen sich von vornherein schon durch einen Anfang, einen Ablauf und ein Ende aus: Sie erzählen damit im Grunde für sich schon Minigeschichten.

Allerdings scheinen narrative und expressive Texte noch am wenigsten in der Gefahr, arg papierdeutsch zu geraten. Das sieht erfahrungsgemäß aber ganz anders aus bei Geschäftstexten, meist persuasiven, manchmal auch informativen Texten: Anfragen, Angeboten, Bestellungen, Annahmen/Ablehnungen von Bestellungen, Bewerbungen, Absagen/Einladungen an Bewerber, Einladungen, Mahnungen, Pressemitteilungen, Protokollen, Rechnungen, Zeugnissen usw. Hier ist stets abzuwägen zwischen einer sachlichen und einer konsequent auf den Adressaten, also immer auf einen Menschen bezogenen, nicht zu sehr verdinglichten Darstellung. Was angemessen ist, variiert zwar stark nach Geschäftstextsorte, aber häufig sind solche Texte auch heutzutage noch schlicht zu papierdeutsch. Dabei will man ja etwas von den Menschen, denen man einen Geschäftstext schickt. Versteht es sich da nicht eigentlich von selbst, dass man diese Menschen nicht durch kalte papierdeutsche Wortungetüme verschreckt? Warum heißt es z. B. immer noch so oft: *Um baldige Rückantwort wird gebeten*? Läse sich *Wir bitten Sie, uns möglichst bald zu antworten* nicht irgendwie viel «menschlicher»?

Dieses «Schlichte und Ergreifende» wird allerdings nicht allen Verben zugesprochen. Durchaus abstrakter, «kälter» wirken etwa oft Verben, die von Wörtern anderer Wortarten abgeleitet sind, wie z. B.: *alimentieren, apostrophieren, bagatellisieren, beinhalten, demoralisieren, evaluieren, fehlinterpretieren, ghettoisieren, habitualisieren, instrumentalisieren, lexikalisieren, lombardieren, minimalisieren, operationalisieren, problematisieren, thematisieren, vergegenwärtigen* usw. Solche «abstrakten» Verben können aber auch durchaus angemessen sein, zum Beispiel, wenn es – vor allem in Informationstexten – um entsprechende abstrakte Inhalte geht.

27 Die viel gescholtenen Adjektive

Man mag sie überhaupt nicht – die Adjektive. Wenigstens nicht in handelsüblichen Stillehren. Als Vertreter einer solchen Abneigung wird immer wieder gern der Zeitungsverleger und französische Ministerpräsident Georges Clemenceau (1841–1929) bemüht, der einem Redaktionsneuling aufgegeben haben soll: «Bevor Sie ein Adjektiv hinschreiben, kommen Sie zu mir in den dritten Stock und fragen, ob es nötig ist.»

Adjektive können als voran- oder nachgestellte Attribute verwendet werden: *ein schlaues Kerlchen, EDV-gestütztes Verfahren, unser Heldenkaninchen, schwer verwundet*, als abverbiale Bestimmung: *Das hast du gut gemacht* oder als Teil des Prädikats: *Das wird für immer dunkel bleiben.*

Des Stillehrers Zorn richtet sich in der Regel gegen den übertriebenen attributiven Gebrauch von Adjektiven. Meist wird den Adjektiven vorgehalten, Sätze unnötig aufzublähen und vom Wesentlichen abzulenken. Man kann die Vorsicht gegenüber Adjektiven vielleicht dem Zeitstil zuschreiben, eher kürzere Sätze zu verwenden als lange (vgl. Punkt 33). Allerdings kann man sich darüber hinaus sicher über einiges verständigen, was beim Gebrauch von Adjektiven eher misslich ist, ein Stilfehler bzw. -blüte, wie:

- Aufblähungen
- falscher Bezug
- rhetorische Steigerung
- Dekoration
- Klischee
- Häufung

28 Auf gentechnischem Feld ist unser Institut führend versus:
In der Gentechnik ist unser Institut führend

Aufblähungen

Als Unart darf man es wohl auch bezeichnen, wenn die Bedeutung eines Substantivs auf ein Adjektiv verschoben wird. Dann bewegt man sich plötzlich nicht mehr *in der Wirtschaft*, sondern *im wirtschaftlichen* ..., ja, was denn? Da braucht man dann doch ein Substantiv, denn ohne geht es nicht. Aber das Substantiv darf dann nicht allzu viel bedeuten, denn die Bedeutung liegt ja schon im Adjektiv. Es bietet sich so etwas an wie *Bereich* oder *Feld, Sektor, Gebiet, Belange* – diese Wörter heißen nicht viel. *Im wirtschaftlichen Bereich, auf mathematischem Gebiet, im ÖVNP-Sektor, wasserwirtschaftliche Belange, auf dem Feld der Gentechnik*: Was sollen diese Aufblähungen leisten, was das schlichte Substantiv nicht leistet? Das bleibt verborgen.

29 Die dicke Bohnensuppe
versus:
die Dicke-Bohnen-Suppe

Falscher Bezug

Ein Adjektiv falsch auf ein zusammengesetztes Substantiv zu beziehen ist eher ein grammatischer Fauxpas, weniger ein stilistischer: *der anorganische Chemieprofessor, der siebenköpfige Familienvater, baldige Genesungswünsche, der vierstöckige Hausbesitzer* usw. Hier sind die Adjektive jeweils nur auf das Bestimmungswort und nicht auf die gesamte Zusammensetzung bezogen. Das ist falsch – und meist komisch, denn der Professor ist genauso wenig anorganisch, wie der Vater siebenköpfig oder der Besitzer vierstöckig ist und die Wünsche baldig sind. Grammatisch richtig, jedoch stilistisch nicht annehmbar wäre so etwas wie: *der Anorganische-Chemie-Professor.* Dann doch lieber beim *Professor für anorganische Chemie* bleiben.

Die *dicke Bohnensuppe* dagegen ist genauso richtig wie die *Dicke-Bohnen-Suppe*, aber halt eine andere Suppe.

Das Dumme (und auch Spannende) ist nur, dass die Sprachgemeinschaft sich nicht immer um ihre eigene Grammatik schert. So werden Ausdrücke wie *atlantischer Tiefausläufer, bürgerliches Gesetzbuch* oder *das geheime Wahlrecht* durchaus akzeptiert, obschon doch das Tief atlantisch ist und nicht der Ausläufer, das Gesetz bürgerlich und nicht das Buch, die Wahl geheim und nicht das Recht.

30 Dr. Kirsten Benn ist eine äußerst wohlhabende Frau
versus:
Die Benn hat Kohle noch und nöcher

Rhetorische Steigerung

Eher selten – aber durchaus nicht nie – wird man einem Satz wie dem folgenden Sinn abringen können:

Der neue Musentempel ist fünfeckig, aber so etwas von fünfeckig, dass es fünfeckiger wirklich nicht mehr geht.

Es gibt halt Adjektive, die sich eigentlich nicht steigern lassen. Das sind vor allem die absoluten Adjektive wie *dreieckig, geschieden, tot, eisern, hölzern, deutsch*, Adjektive wie *optimal, extrem, total, ganz, voll*, Adjektive, deren erster Teil schon eine Steigerung ausdrückt, wie: *blutjung, eiskalt, steinreich, [ober-]affengeil*, die Adjektive mit der Nachsilbe *-los*, wenn sie ganz konkrete Bedeutung haben: *arbeitslos, bargeldlos, fristlos, obdachlos* u. a.

Dennoch sieht man solche Adjektive gelegentlich in gesteigerter Form. Bei Adjektiven, die schon im Positiv einen höchsten Grad ausdrücken, ist das oft schlicht falsch: *die optimalsten Strategien, eine totalere Offensive, in keinster Weise*. In relativer Bedeutung wird dagegen die Steigerung akzeptiert: *Mein Glas ist etwas voller als dein Glas*.

Absolute Adjektive lassen sich steigern, wenn sie in übertragener Bedeutung verwendet werden: *Unter Druck agiert der Abteilungsleiter noch hölzerner als sonst. Mit eisernster Disziplin hat die Archivarin das durchgezogen.*

Darüber hinaus sind einige in humoristischer Absicht bewusst falsch gesteigerte Adjektive und Adverbien umgangssprachlich durchaus akzeptiert, etwa: *Die Benn hat Kohle noch und nöcher.*

Von solchen alltagssprachlich üblichen Ausnahmen abgesehen, ergibt sich immer ein recht deftiger Stileffekt (oder eine Stilblüte), wenn man eine an sich nicht mögliche, «rhetorische» Steigerung verwendet: *Bayerischer als diese Siedler am Ende der Welt könnte auch kein schuhplattelnder Gamsbartträger aus Reit im Winkl sein. – Auf vielen Bühnen trat Ernst deutsch auf, auf anderen Drafi deutscher. – Diese lust- und energielosen Zombies waren ja toter als der Mausetoteste aller jemals Dahingegangenen.*

Diese Deftigkeit verbietet solch ein Stilmittel für sachliche Informations- und seriöse persuasive Texte. In sehr bewegten narrativen und expressiven Texten kann man sich solche «falschen» Steigerungen aber – in bescheiden(st)em Maße – vielleicht vorstellen.

31 *Mit gazellenartiger Anmut schwebten ihre elfenglei-*
chen Glieder über das grenzenlos dankbare Parkett
versus:
Sie tanzte wirklich ungemein elegant

Dekoration

Was kaum akzeptiert wird, sind Adjektive, die einen Satz lediglich füllen oder zieren. Rein zierende Beifügungen lassen einen Text leicht in den Kitsch abgleiten: *Mit gazellenartiger Anmut schweb-ten ihre elfengleichen Glieder über das grenzenlos dankbare Par-kett.*

32 *Der Privatdozentin stellte sich die brennende*
Frage…
versus:
Die Privatdozentin wollte dringend wissen…

Klischee

Wer *Grund* sagt, muss auch *triftig* sagen, scheint es. «Stehende Beiwörter» nennt man Adjektive, die relativ fest mit immer dem gleichen Substantiv verbunden sind: *bitterer Ernst, gesunder Men-schenverstand, brennende Frage, dunkle Ahnung, ungeahnte Möglichkeiten* usw. Das sind abgegriffene Sprachklischees, die keinerlei Aufmerksamkeit zu heischen vermögen oder gar lang-weilen.

33 *Eine schöne, herrlich erfrischende, auch spannende, dabei kurze, sich um den finsteren Steiger rankende Geschichte*
versus:
Eine spannende Geschichte um den finsteren Steiger

Häufung

Eine spannende Geschichte heißt – wie überraschend – nichts anderes als: *die Geschichte ist spannend.* Das wiederum zeigt, dass eine Adjektiv-Substantiv-Gruppe im Grunde eine eingeschachtelte Aussage ist – eine Aussage allerdings, die nicht die unmarkierte Thema-Rhema-Reihenfolge aufweist, sondern eine Rhema-Thema-Reihenfolge. Uns wird also nicht zuerst, wie zu erwarten wäre, gesagt, worum es geht (hier: *eine Geschichte*), um dann die Information anzuschließen (hier: *spannend*), sondern wir bekommen eine Information, ohne zunächst zu wissen wozu. Das ist noch leicht zu verschmerzen, wenn es nur um ein einziges Adjektiv geht, wird aber problematischer bei einer Häufung solcher Adjektive. Der Leser hängt dann ganz schön lang in der Luft, bevor er erfährt, worum es überhaupt geht.

Zudem ist bei solchen Adjektivhäufungen immer fraglich, ob wirklich alle angebotenen Informationen notwendig oder auch nur brauchbar sind: *eine schöne, herrlich erfrischende, auch spannende, dabei kurze, sich um den finsteren Steiger rankende Geschichte.*

Durchaus berüchtigt für solche Adjektivhäufungen war etwa der Dichter Jean Paul:

Dabei hatte der Knabe ein so gläubiges, verschämtes, überzartes, frommes, gelehriges, träumerisches [ja, was denn?] *Wesen.*

34 *Die Lebensmittelindustrie kann zurzeit nicht auf Weißblechverpackungen verzichten*
versus:
Ohne Weißblech wären Millionen von Ravioli obdachlos

Ungescholtene Adjektive und solche mit Stileffekt

Wenn man nur *einen ganz kurzen Urlaub* machen kann statt *einen langen*, sind das offensichtlich ganz unterschiedliche Erfahrungen – und das darf man natürlich auch zum Ausdruck bringen, z. B. durch Adjektive wie *kurz* oder *ausgiebig*. So werden die spezifizierenden Adjektive: *groß, klein, jung, alt, schön, hässlich, tief, hoch* usw. im Allgemeinen auch ausdrücklich ausgenommen von der gängigen Adjektivschelte. Sie sind meist stilneutral.

Ein spezifizierendes Adjektiv kann wie jedes andere Adjektiv einen Stileffekt erzielen, wenn es an Stellen auftaucht, wo man es nicht vermutet hätte, und zwar als vorangestelltes oder nachgestelltes Attribut:

Was soll nun die windschiefe Frage? (Gotthold Ephraim Lessing)

Der frühreife Mond schob, rachitisch krumm, übern Bahndamm (Arno Schmidt)

oder adverbial: *Der frühreife Mond schob rachitisch krumm übern Bahndamm* (mit eigenmächtig veränderter Zeichensetzung)

oder prädikativ: *Ohne Weißblech wären Millionen von Ravioli obdachlos.*

Solche starken Überraschungseffekte wird man in sehr sachlichen Informations- und seriösen Geschäftstexten kaum einsetzen, aber in flotten journalistischen, narrativen (besonders belletristischen) und expressiven Texten sind sie durchaus geeignet, sparsam eingesetzt, die Aufmerksamkeit der Leser zu heischen oder/und das Wesentliche der Aussage zu verdeutlichen.

35 *Ouagadougou verwahrt sich dagegen, mit der Schweiz verglichen zu werden*
versus:
Die Regierung von Burkina Faso verwahrt sich dagegen, dass ihr Land mit der Schweiz verglichen wird

Synonyme, Paraphrasen, Metonymien

Ein Wort gibt das andere. Das heißt, ein Wort sollte möglichst ein anderes geben – und nicht das gleiche. So will es die Schulweisheit in Sachen Stil. Sie fordert streng den Wechsel im Ausdruck. Oder negativ ausgedrückt: Die Wiederholung des gleichen Lautes, des gleichen Wortes, des gleichen Satzbaus in zu kurzer Folge gilt den Schulmeistern als stilistisch anstößig. Allerdings: Nicht notwendig liegen Schulmeister immer völlig daneben.

Betrachten wir die Laute. Was in der Poesie durchaus geschätzt wird, das Spiel mit Lautähnlichkeiten und -übereinstimmungen und mit metrischen Rhythmen, erträgt der Leser im Prosatext nun einmal überhaupt nicht. Da stören schon Formulierungen wie *ein erfahrener Fahrer* oder *ausgezeichnet zeichnet*, noch mehr Alliterationen, die sich eingeschlichen haben, wie *fatale Fallen, kaum Kaufreize*, erst recht aber unbeabsichtigte Reime: *in strengen Zwängen, mit nackten Fakten, in Einkaufszonen wohnen* u. Ä. Das sind einfach Schludrigkeiten, die sich mit etwas Aufmerksamkeit beim Schreiben leicht vermeiden lassen.

Wie sieht's aber mit schlichten Wortwiederholungen aus? Die scheinen gerade Journalisten zu fürchten wie der Vampir den Morgen. Gerade bei Texten mit einer Thema-Rhema-Progression mit durchlaufendem Thema (vgl. Punkt 15) kommt der Autor ja nicht darum herum, immer wieder das gleiche Thema zu behandeln. Wenn keine Wiederholung, was dann? Synonyme, Paraphrasen (vgl. auch Punkt 95), Metonymien (vgl. auch Punkt 97). Was wird da nicht alles aus einem schlichten Fußballspieler: *Per Mertesacker, der Bremer, der Verteidiger, der Innenverteidiger, der Abwehrspieler* (zur Not gar: *Abwehrrecke*), *der Abwehrorganisator, der Abwehrchef, der Vorstopper* und, und, und. (Zu bildhaften Paraphrasen wie *der Turm in der Schlacht* oder *der Fels in der Brandung* siehe Punkt 95.)

Bei aller Freude am Wechsel im Ausdruck: Häufig sind es eh immer nur die gleichen Standardsynonyme, die ein Autor parat hat:

Ouagadougou verwahrt sich dagegen, mit der Schweiz verglichen zu werden

statt:

Die Regierung von Burkina Faso verwahrt sich dagegen, mit der Schweiz verglichen zu werden (vgl. auch die Punkte 96 und 97).

Da kann der Autor auch ruhig auf schlichte Pronomen zurückgreifen. Damit kann man auch variieren und differenzieren. Schließlich haben wir nicht allein Personalpronomen, sondern auch andere. Und es ist wirklich nicht das Gleiche, ob wir *er, der, dieser, jener, solcher, so einer, derselbe* oder *derjenige* schreiben. Manchmal ist schlichter besser.

Bei Texten, die sich durch eine lineare Thema-Rhema-Progression auszeichnen, ist die Gefahr von Wortwiederholungen von vornherein nicht ganz so ausgeprägt wie bei anderen Thema-Rhema-Progressionen. Denn bei der linearen wird das Thema ja durchgehend weiterentwickelt, mithin tauchen laufend neue Inhalte und damit – von selbst sozusagen – auch neue Wörter auf:

Weite Wanderungen unternehmen bisweilen auch die Wölfe. Sie kommen insgesamt immer weiter nach Westen voran. Hier bieten sich zwar nicht die gleichen weiten Lebensräume wie im Osten, aber durchaus Nischen. Eine solche finden wir auch in der Niederlausitz.

Hier werden Rhemateile jeweils nur einmal wiederaufgenommen, was sich dann durch Pronomen oder Adverbien leicht ohne Wortwiederholung machen lässt: *Wölfe – sie, Westen – hier, Nischen – eine solche.* Allerdings stehen für Verben keine den Pronomen entsprechenden Wörter zur Verfügung («Proverben» haben wir ja nicht). Da ist ein Wechsel im Ausdruck oft eine naheliegende Lösung, in unserem Beispiel: *sich bieten – finden.*

36 *Peanuts versus: Kleinkram*

Neologismen

Das Deutsche ist ganz schön in Bewegung: Laufend kommen Wörter aus der Mode und in Mode. Das stilistisch manchmal Problematische an den neuen Wörtern, den Neologismen, ist gerade das Neue, und das in doppelter Hinsicht: Für wen ist das Wort neu? Und: Ist das neue Wort angemessen?

Ein wirklich neues Wort hat zunächst einmal etwas Überraschendes. Da es neu ist, kann es in keinem Zusammenhang erwartet werden. Das heißt: Ein wirklich neues Wort ist nie stilneutral und hat auch meist keinen Stilwert (ist also nicht für einen bestimmten Funktionalstil typisch). Ein wirklich neues Wort hat also, wenn es angemessen eingesetzt wird, einen Stileffekt. Wenn es nicht angemessen eingesetzt wird, «stilblüht» es (wie hier), wird also zur Stilblüte.

Gerade wenn der Autor selbst ein Wort schöpft, wandelt er auf dem bisweilen arg schmalen Grat zwischen Stileffekt und Stilblüte, und es ist besonders zu prüfen, ob die Schöpfung hinsichtlich Redeabsicht, Gegenstand, Adressaten und Umständen passend ist. Insofern sind eigene Neuschöpfungen immer gewagt, manchmal aber auch sehr gelungen.

Wenn der Autor den Neologismus anderweitig übernimmt, ist die Frage, wie neu das Wort denn wirklich für die Adressaten sein mag. Ist es für die Adressaten neu, könnte es nicht hinreichend verständlich sein. Ist es das nicht, erzielt es keinen Stileffekt, sondern könnte als bloße «Prestigeschreibung» verstanden werden.

Etliche ehemalige Neologismen wie *Warmduscher* oder *Teuro* sind relativ schnell wieder aus der Mode gekommen (dann waren es halt Modewörter), andere wie *Peanuts* oder *Gotteskrieger* haben sich in unserer Alltagssprache erst einmal festgesetzt.

Nebenbei bemerkt: Die Neuschöpfungen müssen sich durchaus nicht auf Wörter beschränken, sie können zum Beispiel auch die Rektion des Verbs betreffen. So erzielt eine Partnervermittlung einen Stileffekt, indem sie ein reflexives Verb zu einem transitiven umdeutet: *Wir verlieben Sie.*

37 Parapluie versus: Regenschirm

Archaismen (Historismen, Anachronismen)

Wie die Alten sungen, zwitschern in der Regel nicht die Jungen. Ein veraltetes Wort und nicht selten auch schon ein veraltendes ist eben meist nicht das treffende. Archaismen sind daher nicht stilneutral. Sie erzielen den Effekt der Feierlichkeit: *Wir ersuchen Sie, ...* oder werden eingesetzt, um die Altertümlichkeit einer Figur zu unterstreichen oder in parodistischer Absicht: *Ihr Elaborat dünkte mich schon anno Tobak schierer Unsinn* (noch übertriebener: *Ihr Elaborat deuchte mir schon anno Tobak schierer Unsinn*). Zu den Archaismen sind auch aus der Mode gekommene Fremdwörter zu zählen wie: *Advokat, Barbier, charmieren, Parapluie, Paravent, Trottoir, Ustaw* usw.

Davon zu unterscheiden ist die Verwendung von Archaismen als Historismen. Sie verleihen Texten, deren Geschehen in früheren Zeiten angesiedelt sind, ein entsprechendes Zeitkolorit. Was in einem Kriegsbericht aus unserer Zeit völlig unangemessene Archaismen wären, etwa: *Schildknappe, Ritter, Rüstung, Morgenstern* usw., kann in einem Text über alte Zeiten angemessen oder sogar unumgänglich sein, dann also auch ohne Stileffekt.

Einen Stileffekt erzielen nicht nur alte Wörter in neuen Texten (Archaismen), sondern auch – quasi umgekehrt – moderne Wörter in Texten, die in alten Zeiten spielen (Anachronismen):

Der Ritter schaute auf seine <u>Schweizer Armbanduhr</u>, weil er und sein Schildknappe König Artus' <u>Fangemeinde</u> nicht verpassen wollten.

Allerdings dürften Anachronismen fast nur in parodistischen, humoristischen Texten angemessen eingesetzt werden.

Einen witzigen Sinn für sprachliches Retrodesign zeigt Udo Lindenberg, wenn er sich einen «Historismus» kurzerhand selbst neu zusammenbastelt:

Da war er [Rudi Ratlos] der Liebling aller Fraun // und außerdem <u>Leibmusikalartist</u> von Adolf Hitler und Eva Braun.

38 *Der Schütze, der an der Schutzmauer unter seinem Schatten spendenden Hut in der Mittagshitze döst versus:*
Der Pistolero, der an der Schutzmauer unter seinem Sombrero Siesta hält

Fremdwörter und fremde Wörter

Eines muss uns hier nicht interessieren: ob nämlich der Gebrauch von Fremdwörtern grundsätzlich von Übel, eher unbedenklich oder sogar wünschenswert sei. Hier findet man ja von fremdworthassenden Sprachpuristen bis hin zu sich dem Fremdwort gegenüber «liberal» gebenden Linguisten alles, was kaum ein Herz begehrt. Uns geht es an dieser Stelle allein um stilistische Aspekte des Fremdwortgebrauchs, also um Stilwert und Stileffekt.

Da gilt – wie für jedes andere Wort auch -, dass ein Fremdwort einen Stilwert hat, wenn es in einem Funktionalstil verwendet wird, für den der Gebrauch ebendieses Fremdwortes typisch ist. Schauen wir uns etwa einen Reisebericht an:

Als käme gleich der mexikanische Sozialrevolutionär auf der Suche nach Unterschlupf mit einem Haufen runtergekommener illusionsloser Abenteurer durch die Steppe – so lag das Gehöft in der gleißenden Sonne des amerikanisch-mexikanischen Grenzgebietes. Die verwegenen Kuhhirten, die mit einem «Los, Freunde!» davonsprengen, und der unter seinem Umhang mit Patronengurten behangene Schütze, der an der Schutzmauer unter seinem Schatten spendenden Hut in der Mittagshitze döst – all das erinnert an eine gewagte Sentenz von Raymond Chandler über ruppige, sanfte, ehrliche und traurige Mexikaner (vgl. Punkt 73).

Die Frau des Hauses serviert einige Kleinigkeiten zu einem Agavenschnaps – vor dem Rinderragout mit Bohnen und höllisch scharfen Paprikaschoten auf Maisfladen: «Verdammt – ist das scharf!» Im Weggehen flirte ich noch mit einer rassigen Schönheit: «Auf Wiedersehen, mein Kind.»

Einem solchen Text könnte man durchaus mit einigen einschlägigen Fremdwörtern (und auch fremden Worten) ein gewisses Maß an Lokalkolorit einhauchen (hier natürlich aus Demonstrationsgründen sehr übertrieben):

Als käme gleich Emiliano Zapata persönlich auf der Suche nach Unterschlupf mit einem Haufen Desparados durch die Steppe – so lag die Hacienda in der gleißenden Sonne des amerikanisch-mexikanischen Grenzgebietes. Die verwegenen Vaqueros, die mit einem «Vamos, amigos!» davonsprengen, und der unter seinem Poncho mit Patronengurten behangene Pistolero, der an der Schutzmauer unter einem Sombrero Siesta hält – all das erinnert an eine gewagte Sentenz von Raymond Chandler über ruppige, sanfte, ehrliche und traurige Mexikaner.

Die Señora serviert einige Tapas zu einem Tequila – vor dem Chili con Carne auf Tortillas: «Caramba – ist das scharf!» Im Weggehen flirte ich noch mit einer rassigen Schönheit: «Hasta la vista, muchacha.»

Die Fremdwörter haben hier einen Stilwert, weil sie für den Funktionalstil eines Reiseberichtes über Mexiko typisch sind, einige Fremdwörter und die fremden Wörter können als so ungewöhnlich gelten, dass man vielleicht sogar von Stileffekten reden darf.

Wenn dagegen von einem einflussreichen Wirtschaftsführer gesagt wird, er ziehe sich gelegentlich auf seine Hazienda im Allgäu zurück, dann erzielt das ganz eindeutig einen Stileffekt (oder ist je nach Zusammenhang auch schlicht eine Stilblüte) – und eine ganz andere Bedeutung hätte es, wenn zum Beispiel stattdessen von Datscha die Rede wäre.

39 *Die alte Seniorin soll ihr ganzes Vermögen angeblich nutzlos vergeudet haben*
versus:
Die Seniorin/Greisin soll ihr ganzes Vermögen vergeudet haben

Pleonasmen

Wenn in einem Ausdruck das gleiche Bedeutungsmerkmal doppelt (oder gar mehrfach) auftritt, spricht man von einem Pleonasmus. Der *weiße Schimmel* ist wohl der berühmteste aller Pleonasmen: Hier ist das Bedeutungsmerkmal *weiß* bereits in *Schimmel* enthalten. Solche Bedeutungsdopplungen können in verschiedenen grammatischen Konstruktionen auftreten und gelten als Stilfehler, wenn sie dem Schreiber einfach unterlaufen – etwa bei Wortzusammensetzungen: *aufoktroyieren, Gesichtsmimik, Einzelindividuum, zusammenaddieren* usw., bei Wendungen aus Adjektiv und Substantiv: *schwarzer Rappe, alter Greis, seltene Rarität* usw., bei Wendungen aus Adverb und Verb: *neu renovieren, nutzlos vergeuden* usw., bei Häufungen bedeutungsgleicher oder -ähnlicher Wörter und Wendungen: *bereits schon, leider zu meinem Bedauern, höchstens nur, ebenso auch, einander gegenseitig, lediglich nur* usw.

Nicht ganz so offensichtlich wie im *weißen Schimmel* sind Pleonasmen, bei denen die Modalität, die durch ein Modalverb ausgedrückt wird (Möglichkeit, Notwendigkeit, Mutmaßung usw.), mit einem anderen Teil des Satzes noch einmal wiedergegeben wird. So sind auch die folgenden Sätze pleonastisch:

Für Adrian, den Tulpendieb, ergab sich dann doch noch die <u>Möglichkeit</u>, nach Domburg reisen zu <u>können</u>. – Wir verweigern uns dem <u>Zwang</u>, gehorchen zu <u>müssen</u>. – Sarah sah sich <u>genötigt</u>, die Kastanien aus dem Feuer holen zu <u>müssen</u>. – Die Beweisführung <u>dürfte</u> sich <u>vermutlich</u> als unhaltbar erweisen. – Die Seniorin <u>soll</u> ihr ganzes Vermögen <u>angeblich</u> vergeudet haben.

Dem Autor bleiben oft auch Pleonasmen verborgen, die sich ergeben, wenn bei Verben mit dem Präfix *ent-* zusätzlich die Präposition *aus* verwendet wird:

Der Gigolo entstammte aus einer venezianischen Patrizierfamilie. – Aus welchem kranken Hirn ist denn diese Schnapsidee entsprungen? Nicht pleonastisch: *Der Gigolo stammte aus einer venezianischen Patrizierfamilie. Der Gigolo entstammte einer venezianischen Patrizierfamilie.*

Gelegentlich werden Pleonasmen bewusst als Stilmittel eingesetzt (vgl. Punkt 70). Nicht als Stilfehler gelten allgemein solche Dopplungen, die zur Betonung des Gesagten gebildet werden. Sie erzielen somit einen Stileffekt. Oft sind sie dann als rhetorische Figuren zu deuten. So sind in dem Satz: *Die verschüchterten Bittsteller harren und warten und warten und harren* die rhetorischen Figuren Hendiadyoin und Chiasmus (vgl. die Punkte 48 und 61) eingesetzt worden.

Viele rhetorisch motivierte Dopplungen gehören allerdings mittlerweile zum Repertoire der Alltagssprache. Sie werden zwar meist nicht als Pleonasmus empfunden, sind aber ziemlich abgegriffen und erzielen kaum einen Stileffekt: *persönlich anwesend, mit meinen eigenen Augen, vor vollendete Tatsachen stellen, Vorspiegelung falscher Tatsachen* usw.

40 *Obwohl sie überhaupt nicht auffiel, als sie, nachdem es inzwischen voll geworden war, zwanzig Minuten später reinkam, sah ich sie sofort, wie sie reinkam mit einem ganz angespannten Gesichtsausdruck und einer bemüht stolzen Haltung, der zum Trotz sie klein und verletzlich wirkte. Sie suchte mich, und nachdem ich sie angeschaut hatte, sah ich zu Verena, die an der Bar stand*
versus:
Zwanzig Minuten später kam sie rein. Es war inzwischen voll geworden, sie fiel überhaupt nicht auf, dennoch sah ich sie sofort. Sie kam rein mit einem ganz angespannten Gesichtsausdruck und einer bemüht stolzen Haltung. Sie wirkte klein und verletzlich. Sie suchte mich, ich schaute sie an und sah dann zu Verena, die an der Bar stand

Sätze: Über kurz oder lang

Wie man in der Renaissance, im Barock oder im Jugendstil jeweils anders gebaut hat, so zeigen sich auch in der Art zu sprechen und zu schreiben Epochenstile. Und wer wollte leugnen, dass man heute im Allgemeinen kürzere Sätze bevorzugt als im Barock. Während die Anzahl der Wörter in einem geschriebenen Satz im 17. Jahrhundert noch durchschnittlich 36,3 Wörter betrug, waren es im 18. Jahrhundert 26,2 Wörter, in der 1. Hälfte des 19. Jahrhunderts 30,3 Wörter, in der 2. Hälfte 23,4 Wörter und im 20. Jahrhundert schließlich nur noch 19,3 (Sommerfeldt 1988, 216). Aber auch wenn man nur die jüngere Vergangenheit betrachtet, fällt auf, dass die Sätze, über alle Textsorten hinweg gemittelt, immer kürzer werden:

Jahr	1945/47	1949	1954	1959
Wörter pro Satz	27,9	26	23,7	22,5

Jahr	1969	1986	2002
Wörter pro Satz	21,8	19,2	16,3

(Nach Birgit Barufke, Hans-Werner Eroms, in: Eroms 2008, 157.)

Gern wird diese Entwicklung sozialpsychologisch erklärt: Hätten in den früheren Jahrhunderten Muße, Zeit und Maß als die Insignien der herrschenden Schicht gegolten, zunächst also des Adels, dann des gehobenen Bürgertums, so charakterisiere heutzutage ein Mangel an Zeit die Macher (der überquellende Terminkalender als Statussymbol). Zudem verlange das demokratische Prinzip des mündigen Bürgers, dass er verständlich informiert werde, d. h. auch: kurz und knapp. Geheimwissen sei anrüchig(er) geworden. Damit haben sich die Stilstandards hin zur Kürze geändert. Und um Standards geht es uns ja in diesem Buch. Wenn man weiß, was Standard ist, kann man dazu Stellung beziehen – und das muss ja nicht notwendig zustimmend sein.

Wann gilt ein Satz heute als kurz? Für journalistische Texte werden meist Satzlängen von bis zu 9 Wörtern als kurz bezeichnet, Satzlängen von 10 bis 20 Wörtern als mittellang und alles, was darüber liegt, als lang. Solche Angaben können als grobe Anhaltspunkte dienen, sind aber natürlich stets mit Vorsicht zu genießen.

Was leisten kurze Sätze eigentlich genau? Je kürzer die Sätze, desto klarer die Thema-Rhema-Gliederung (vgl. Punkt 15). Je kürzer die Sätze, desto unmittelbarer treffen auch Thema und Rhemagipfel aufeinander (unter Rhemagipfel versteht man den Informationsschwerpunkt innerhalb des Rhemas, die Information, auf die es dem Autor am meisten ankommt, die in der gesprochenen Sprache am stärksten betont wird). Damit wird die eigentliche Information schneller und vor allem verständlicher übermittelt als in langen Sätzen, da sie nicht in komplexen Konstruktionen versteckt ist. Zudem fordern etliche rhetorische Figuren eine gewisse «Knackigkeit», damit die angelegten Strukturen (Wiederholungen, Parallelitäten, Auslassungen, Umstellungen usw.) überhaupt als solche wahrgenommen werden können und nicht in langen Satzperioden untergehen. Kurze Sätze haben natürlich auch mehr Satzübergänge zur Folge. Damit bieten sie allen Figuren, die den Satzübergang markieren (z. B. Anadiplose, Mäander, Anapher, siehe Punkte 50, 51), ein gut bespielbares Feld.

Wenn auch die allgemeine Tendenz zu kurzen Sätzen eindeutig ist, heißt das jedoch nicht, dass für alle Texttypen bzw. Textsorten die gleiche Kürze angemessen wäre. Man ahnt schon: Auch hier tun's allgemeingültige Rezepte nicht.

Narrative, erzählende Texte zeichnen sich durch die Darstellung eines fortlaufenden Geschehens, fortlaufender Handlungen aus. Über eine Reihung von Situationen wird eine Entwicklung dargestellt, nicht selten mit einem Moment der Spannung. Eine zentrale Rolle spielt dabei das Verb. Verkürzt: Je mehr Verben, desto mehr Verlauf und Entwicklung. Die Situationsreihung gelingt am einfachsten mit kurzen Sätzen. Kurze Sätze ermöglichen es zudem, viele Verben unterzubringen. So werden in narrativen Texten eher kurze Sätze eingesetzt. In einer Erzählung wäre vielleicht eine Passage wie folgende denkbar:

Obwohl sie überhaupt nicht auffiel, als sie, nachdem es inzwischen voll geworden war, zwanzig Minuten später reinkam, sah ich sie sofort, wie sie reinkam mit einem ganz angespannten Gesichtsausdruck und einer bemüht stolzen Haltung, der zum Trotz sie klein und verletzlich wirkte. Sie suchte mich, und nachdem ich sie angeschaut hatte, sah ich zu Verena, die an der Bar stand.

Denkbar wäre solch eine Passage, aber nicht gut. Denn in der verschachtelten Satzkonstruktionen verliert sich die Entwicklung der Situation. Das Ganze bekommt etwas Statisches. In der Originalpassage (Judith Hermann, «Sommerhaus, später»), die hier so schnöde verhunzt wurde, sind ganz anders 9 kurze Hauptsätze aneinandergereiht, teils durch Punkte, teils durch Kommas und einmal durch *und* voneinander getrennt, bis dann schließlich ein ganz kurzer Relativnebensatz folgt. So kommt Fluss in die Sache:

Zwanzig Minuten später kam sie rein. Es war inzwischen voll geworden, sie fiel überhaupt nicht auf, dennoch sah ich sie sofort. Sie kam rein mit einem ganz angespannten Gesichtsausdruck und einer bemüht stolzen Haltung. Sie wirkte klein und verletzlich. Sie suchte mich, ich schaute sie an und sah dann zu Verena, die an der Bar stand.

Aber selbstverständlich können zum einen durchaus bewusst extrem lange Sätze in narrativen Texten eingesetzt werden, um einen

Stileffekt zu erzielen. Zum anderen ist ja für narrative Texte auch die wörtliche Rede charakteristisch. Und in einer solchen kann ja zum Beispiel auch argumentiert werden, was meist (siehe unten) längere Sätze bedingt. Beides kann auch geschickt miteinander kombiniert werden:

«Warum haben Sie, als Sie gefragt wurden, ob Sie etwas anzugeben haben, nicht den Beamten nach den Vorschriften gefragt, das heißt, die Frage offengelassen und sich erst einmal erkundigt, bevor Sie verneinten?»

«Moment», sagte Herr Lehmann verwirrt, «könnten Sie das noch einmal fragen?»

«Warum haben Sie, als Sie gefragt wurden, ob Sie etwas anzugeben haben, nicht den Beamten nach den Vorschriften gefragt, das heißt, die Frage offengelassen und sich erst einmal erkundigt, bevor Sie verneinten?» (Sven Regener, «Herr Lehmann»)

In Informationstexten, vor allem in Beschreibungs- und Erklärungstexten, verwendet man überwiegend kurze bis mittellange Sätze. Das liegt durchaus nahe. Denn wenn der Leser bei der Beschreibung eines Gegenstandes oder bei der Erklärung, wie ein Gerät funktioniert, sich allein über den Text orientieren können soll, bietet es sich an, Komplexes zu zergliedern und einzelne Elemente nach und nach vorzustellen. Häufig sind allerdings Texte, in denen beschreiben, erklären, Wissen vermitteln, Sachverhalte wiedergeben und argumentieren ineinander übergehen, was dann auch unterschiedliche Satzlängen zur Folge hat.

Instruktionstexte (etwa Gebrauchsanweisungen oder Aufbauanleitungen) zeichnen sich durch extrem kurze Sätze aus, die am ehesten gewährleisten, dass der Leser die Anweisungen simultan durchführen kann. Meist sind es Aufforderungssätze, in denen der Imperativ oft auch durch den Infinitiv ersetzt ist:

1. Tasten (a) und (b) für 2 Sek. gleichzeitig drücken.
2. Mit Taste (c) oder (a) gewünschten Message-Code einstellen.
3. Taste (d) drücken.
4. Mit Taste (c) oder (a) gewünschten VIP-Code einstellen.
5. Taste (d) drücken.

Wo argumentiert wird (in persuasiven Texten, etwa in Kommentaren), haben lange Sätze ihren großen Auftritt. Sie sind heute beileibe nicht mehr so lang wie noch im 19. Jahrhundert, aber relativ gesehen doch im Schnitt deutlich länger als etwa Sätze in erzählenden Texten. Langer bzw. längerer Sätze bedient man sich, um gedankliche Zusammenhänge darzustellen (vor allem mit: *weil – deshalb, wenn – dann, genau dann – wenn* usw.) und um satzinterne rhetorische Mittel unterzubringen, die verstärken oder Aufmerksamkeit heischen. Zwischendurch werden auch immer wieder mal kurze, knappe Thesen eingeschoben, Zwischenergebnisse zusammengefasst.

41 *Jemand sehr Gutgläubiges ist auch unsere Oma. Irgendein Vertreter hat ihr schon wieder einen Staubsauger aufgeschwatzt*
versus:
Jemand sehr Gutgläubiges ist auch unsere Oma. Sie hat schon wieder [von irgendeinem Vertreter] einen Staubsauger aufgeschwatzt bekommen

Passiv

Das Passiv heißt auch Leideform, obwohl viele Stilgurus es gar nicht leiden mögen. Wolf Schneider hat es gar «eine späte, künstliche, gleichsam entmenschlichte Form des Verbes» genannt (Schneider 1987, 72). Ist es wirklich so schlimm? Leistet das Passiv überhaupt nichts?

Doch. Das Passiv leistet vornehmlich zweierlei, es erlaubt nämlich:

- ○ den Handelnden diskret zu verschweigen
- ○ Thema und Rhema zu tauschen.

Schauen wir uns das näher an. Das Verb *nennen* beispielsweise fordert im Aktiv zwingend die Ergänzung 1 (Subjekt): Wer oder was nennt wen oder was? Etwa in dem Satz:

<u>Die mutigen Journalisten</u> nennen Ross und Reiter.

Wenn wir daraus einen Passivsatz machen, werden die Handelnden, hier eben Ross und Reiter, des Subjekts (Ergänzung 1) verwiesen und ins Präpositionalobjekt (Ergänzung 5) abgeschoben:

Ross und Reiter werden <u>von den mutigen Journalisten</u> genannt.

Das Präpositionalobjekt in den Passivsätzen aber ist bloß fakultativ, d. h., es kann, muss aber nicht verwendet werden. Als Subjekt des Aktivsatzes mussten also die Handelnden, hier: *die mutigen Journalisten*, noch genannt werden. Als Präpositionalobjekt des Passivsatzes, hier: *von den mutigen Journalisten*, können sie nur noch genannt werden. Damit können die Handelnden also auch unterschlagen werden. (Man nennt das auch die Täterabgewandtheit des Passivs – eine Bezeichnung, die so ein wenig den Ruch einer Strafvereitelung vermittelt.)

Warum aber sollte das «schlimm» sein oder, sagen wir lieber, nicht empfehlenswert? Nun: Handelnde sind meist Menschen. Werden diese unterschlagen, kann ein Satz umso leichter unanschaulich, unsinnlich, eben kalt sachlich geraten. Das Aktiv präsentiert die Handelnden, meist eben Menschen, es wirkt daher oft menschlicher. Nicht empfehlenswert ist also das Passiv dann, wenn man anschaulich formulieren will.

Zudem gestatten die Passivkonstruktionen dem Autor, sich bei unangenehmen Mitteilungen zu verstecken:

Ihnen ist nach Aktenlage die Hartz-IV-Beihilfe gekürzt worden statt: *Nach Aktenlage habe ich Ihnen die Hartz-IV-Beihilfe gekürzt.*

Gerade im Verwaltungsdeutsch zieht man sich daher gern auf Passivkonstruktionen zurück. Und das ist da, wo ein Verwaltungsangestellter oder ein Beamter weder Entscheidungs- noch Erklärungskompetenz hat, durchaus sinnvoll. Wenn allerdings jemand nach seinem Ermessensspielraum entscheidet, versteckt er durch das Passiv diesen Spielraum, täuscht eventuell vor, dass es einen solchen gar nicht gibt. Das widerspräche dann immerhin einer demokratisch eventuell zu fordernden Transparenz von Verwaltungshandeln.

In etlichen Texten hat ein Handelnder nun auch wirklich nichts zu suchen, diese Texte sind – zu Recht – eine Domäne des Passivs. Gerade informative Texte aus Wissenschaft und Technik möchten Ergebnisse in den Vordergrund stellen und nicht Handlungen von Menschen. Daher tritt hier das Passiv ebenbürtig neben das Aktiv:

Eine extrem leichte Schraubenfeder wird an einer Seite befestigt, an der anderen Seite mit einer Schnur verbunden, die über den Exzenter eines Elektromotors geführt wird.

Begründet passivlastig ist auch dieser Text des Physikers Werner Heisenberg:

Wie Sie wissen, können durch diese Auffassung alle mit der Erwärmung und Abkühlung der Körper verbundenen Phänomene quantitativ _behandelt werden_ [Vorgangspassiv]. *Die Theorie der chemischen Reaktionen lässt sich* [*sich-lassen*-Konstruktion] *in das so beschaffene Schema zwanglos einordnen. Die qualitativen Änderungen der Stoffe in chemischen Prozessen scheinen auf die Änderungen der geometrischen Konfigurationen der Atome zurückführbar* [passivisches Adjektiv].

Dass Stillehrer bisher fast einhellig das Passiv verurteilen, hat seinen Grund wohl darin, dass sie sich meist an literarischen und journalistischen Vorbildern orientieren, d. h. an überwiegend narrativen Texten. In narrativen Texten will man normalerweise ja auch anschaulich, handlungs- und damit «täterorientiert» schildern. Darum dominiert in narrativen Texten das Aktiv. Dominieren heißt aber nicht, dass Passiv stets unangebracht wäre. Hier kommt nämlich die zweite Leistung des Passivs ins Spiel: es ermöglicht einen Thema-Wechsel. In unserem Beispielsatz im Aktiv

Die mutigen Journalisten	_nennen Ross und Reiter_
Thema	Rhema

ist *Die mutigen Journalisten* das Thema und *nennen Ross und Reiter* das Rhema. Im entsprechenden Passivsatz

Ross und Reiter	_werden [von den mutigen Journalisten] genannt_
Thema	Rhema

wechseln *Ross und Reiter* aus dem Rhema ins Thema. Und solch ein Wechsel kann durchaus auch in narrativen Texten sehr sinnvoll sein, beispielsweise wenn der Handelnde schon häufig als Thema aufgetaucht ist und ein wiederholtes Auftreten als Thema dem Variatio-delectat-Stilprinzip (Wechsel im Ausdruck, in der Konstruktion) widerspräche:

Der Mann war getroffen und ließ sich in den Teich fallen, wo friedlich ein paar Enten schwammen. Vielleicht wollte er mit seinem Körper keine Angriffsfläche mehr bieten. Vielleicht war er wirklich zu schwach. Er hob die Arme und schrie verzweifelt. Triumph der Menschlichkeit! Jetzt _wurde_ von allen Seiten auf ihn _geschossen_.
(Hasenclever, «Irrtum und Leidenschaft»)

Auch kann die mit der Auslassung des Handelnden verbundene

Versachlichung bzw. Verallgemeinerung ja durchaus gewünscht sein, wenn bewusst mehr allgemeine, typische Erscheinungen dargestellt werden sollen. In solchen Fällen bietet es sich an, auch in narrativen Texten zwischendurch auf das Passiv zurückzugreifen:

Ich lauschte dem Singsang, der von der Wahrscheinlichkeit, dem Verdacht berichtete, dass der Schlaf eine immunologische Funktion besitze, die bislang <u>unterschätzt worden</u> sei. Es musste Melfiore sein, der von Hepatitis-Viren sprach, die man Ratten verabreichte. Bei Tieren, die ausreichend hätten schlafen können, habe der Organismus eine immunlogisch ausreichende Reaktion gezeigt, nicht aber – und Professore Melfiores Stimme, seine im Gegensatz zur Telefonstimme, die ich bislang nur gekannt hatte, warme und ein wenig fiebrige Stimme, schwang sich auf – nicht aber bei solchen Tieren, die man am Schlafen gehindert habe. Bei diesen <u>sei</u> eine deutlich reduzierte Anzahl von Antikörpern <u>festzustellen gewesen</u>, wodurch der Impferfolg also <u>reduziert sei</u>. (Willi Achten, «Die florentinische Krankheit»)

Und eintönig muss es bei solch einem Rhema-Thema-Wechsel mithilfe des Passivs durchaus nicht werden. Das Deutsche bietet mannigfaltige Möglichkeiten, einem Satz eine passive Bedeutung zu geben. Nebenbei werden dabei oft zu umständliche Modal-Passiv-Konstruktionen gerafft. Hier einige passivische Konstruktionen:

- Akkusativpassiv (*werden-* und *sein-*Passiv)
  - Vorgangspassiv
  - Zustandspassiv
- Dativpassiv (*erhalten-*, *bekommen-* und *kriegen-*Passiv)
- Konstruktionen, die Passives und Modales zusammenfassen
  - Medium
  - Konstruktionen mit *gehören*
  - Konstruktionen mit *sich lassen*
  - modaler Infinitiv
  - passivische Adjektive

Akkusativpassiv (werden-Passiv, sein-Passiv)

Die geläufigste Passivkonstruktion ist das Akkusativpassiv (*werden-*Passiv). Dabei wird das Akkusativobjekt des Aktivsatzes zum Subjekt des entsprechenden Passivsatzes:

Dr. Nießen	_schießt_	_den Vogel_	_ab_.
E1 (Subjekt)	P	E2 (Akk.-Objekt)	P

Daraus wird im Passiv:

Der Vogel	_wird_	_[von Dr. Nießen]_	_abgeschossen_.
E1 (Subjekt)	P	E5 (Präpos.-Obj.)	P

Damit wird ein Teil des Rhemas des Aktivsatzes, nämlich _den Vogel_, zum Thema des Passivsatzes, nämlich _Der Vogel_. In beiden Sätzen steht der Vorgang im Vordergrund, jeweils der des Abschießens.

Das ist anders beim Zustandspassiv, _sein_-Passiv, einem Passiv, das mithilfe des Verbs _sein_ gebildet wird. Hier steht nicht der Vorgang im Vordergrund, sondern das Ergebnis, der Zustand, etwa der Zustand des Abgeschossenseins:

Der Vogel	_ist_	_[von Dr. Nießen]_	_abgeschossen._
E1 (Subjekt)	P	E5 (Präp.-Obj.)	P

Der Thema-Rhema-Wechsel ist aber auch hier gewährleistet.

Dativpassiv (bekommen-, erhalten- oder kriegen-Passiv)

Beim Dativpassiv handelt es sich um ein Vorgangspassiv, bei dem nicht das Akkusativobjekt des Aktivsatzes in die Position des Subjektes des Passivsatzes gerückt wird, sondern das Dativobjekt:

Der Vertreter	schwatzt	der Oma	einen neuen Staubsauger	auf.
E1 (Subjekt)	P	E3 (Dativ-Obj.)	E2 (Akk.-Obj.)	P

Daraus wird im Dativpassiv:

Die Oma	_bekommt_	_[vom Vertreter]_	_einen neuen Staubsauger_	
E1 (Subj.)	P	E5 (Präpos.-Obj.)	E2 (Akk.-Obj.)	

aufgeschwatzt.
P

Auch hier gibt es einen Thema-Rhema-Wechsel.

Konstruktionen, die Passives und Modales zusammenfassen

Modal meint, dass etwas nicht nur ist oder geschieht, dass jemand nicht nur etwas tut, sondern dass etwas sein bzw. geschehen *kann, darf, muss, soll* oder *will* oder dass jemand etwas tun *kann, darf, muss, soll* oder *will*.

Medium

Das Altgriechische z. B. hat neben Aktiv und Passiv noch das Medium zu bieten. Das gibt es im Deutschen so nicht, aber Verbformen, die analog funktionieren. Diese Verben treten mit dem Reflexivpronomen *sich* auf, sind aber keine reflexiven Verben, zum Beispiel:
> Dieser Grabungsbericht <u>liest sich</u> wie ein Krimi.

Diese Konstruktion ist nicht nur passivisch, sondern drückt darüber hinaus noch die Modalität des Könnens aus. Man kann sie auch mit einem *werden*-Passiv plus *können* umschreiben:
> Dieser Grabungsbericht <u>kann</u> wie ein Krimi <u>gelesen werden</u>.

Als Komprimierung eines umständlichen *werden*-Passivs bieten sich Mediumkonstruktionen an, wenn kein Handelnder in Sicht ist, daher eine aktivische Darstellung allenfalls mit *man/du (ihr)/Sie* als Subjekt gelänge:
> *Man kann diesen Grabungsbericht wie einen Krimi lesen. Du kannst/Ihr könnt diesen Grabungsbericht wie einen Krimi lesen. Sie können diesen Grabungsbericht wie einen Krimi lesen.*

Konstruktionen mit *gehören*

Konstruktionen mit *gehören* leisten etwa das, was sonst das Akkusativpassiv leistet. Zusätzlich wird jedoch noch die Modalität des Müssens ausgedrückt (*gehört verboten = muss verboten werden*):
> *Ein Bart als sekundäres Geschlechtsmerkmal mitten im Gesicht ist obszön und gehört polizeilich verboten* (frei nach Arthur Schopenhauer).

Konstruktionen mit *sich lassen*

Konstruktionen mit *sich lassen* (auch solche mit *scheinen*) leisten den für Passivkonstruktionen üblichen Thema-Rhema-Wechsel

und drücken die Modalität des Könnens aus (*lässt sich turnen* = *kann geturnt werden*). Aus aktiv:
Der Neue kann die Katschow-Grätsche präzise turnen
wird passiv:
Die Katschow-Grätsche lässt sich [vom Neuen] präzis turnen.
Das Subjekt des Aktivsatzes kann zwar zur Not auch *im sich-lassen*-Satz als Präpositionalobjekt untergebracht werden, doch wirkt das sehr angestrengt. Das bedeutet: Konstruktionen mit *sich lassen* rücken die Handelnden noch weiter aus dem Gesichtskreis als das Vorgangspassiv oder das Zustandspassiv. Man wird *sich-lassen*-Konstruktionen also ähnlich wie Mediumkonstruktionen vornehmlich da einsetzen, wo kein Interesse an Handelnden besteht (etwa in wissenschaftlichen und technischen Texten).

Modaler Infinitiv

Beim modalen Infinitiv wird eine Form des Verbs *sein* mit einem Infinitiv mit *zu* verknüpft. Mit dem modalen Infinitiv ist neben der passivischen Bedeutung auch die Modalität der Verpflichtung verbunden. Der Grad der Verpflichtung liegt zwischen *sollen* (*soll beantragt werden*) und *müssen* (*muss beantragt werden*), er ergibt sich aus dem Zusammenhang. So wird aus aktiv:
Die Berechtigten <u>müssen</u> die Zuweisungsscheine beim Ordnungsamt <u>beantragen</u>
mit *werden*-Passiv:
Die Zuweisungsscheine <u>müssen</u> [von den Berechtigten] beim Ordnungsamt <u>beantragt werden</u>
und mit dem modalen Infinitiv:
Die Berechtigungsscheine <u>sind</u> [von den Berechtigten] beim Ordnungsamt <u>zu beantragen</u>.
Der modale Infinitiv verträgt eher als Konstruktionen mit *sich lassen* noch den/die Handelnden im Präpositionalobjekt. Er ist vor allem in Verwaltungs- und juristischen Texten zu Hause.

Passivisches Adjektiv

Passivische Adjektive (z. B. solche auf -*bar*) können mit einem Kopulaverb (*sein, werden, bleiben, scheinen, erscheinen* usw.) zu einem Prädikat verknüpft werden. Dadurch erhält der gesamte Satz einen

passivischen Sinn und die Modalität des Könnens (*ist recyclebar = kann recycelt werden*):
Der ganze Schrott ist doch überhaupt nicht recyclebar.

42 Aufbau, Komposition

Wer dächte bei *Komposition* nicht zunächst an die Musik? An herkömmliche, eher schlichte State-of-the-Art-Kompositionen wie Schlager, Volkslieder, Kirchenlieder und Ähnliches oder auch an durchaus Trickreiches, Innovatives, das den Stand der musikalischen Technik durchaus erweitert bzw. erweitert hat: einige Kompositionen der Klassik, der klassischen Moderne oder des Jazz. Und wie in der Musik können wir bei der Komposition eines Textes eher konventionell vorgehen oder eher gewagt. Auch was den Aufbau eines Textes angeht, können wir stilneutral vorgehen oder auf Stileffekte setzen.

43 Aufbau deskriptiver Texte

Ein stilneutraler Aufbau deskriptiver Texte ist heutzutage der schlichte dreigliedrige Aufbau mit Einleitung, Hauptteil, Schluss. Und gerade bei Informationstexten ist kaum ein Grund einzusehen, warum man von diesem Schema abweichen sollte, kaum ein Fall vorstellbar, in dem eine solche Abweichung kein Fehler wäre. All die Raffinessen im Aufbau, die wir von literarischen Texten erwarten: Andeutungen, Vorwegnahmen, Einschübe, Rückblicke oder was auch immer, würden im Informationstext nur verwirren, also stören. In der Regel wird man also beim bewährten Aufbau bleiben und davon nur in sehr gut begründeten Fällen abweichen.

So zeichnet sich etwa die Textsorte Zeitungsmeldung ja ganz regelmäßig durch das Spezifikum aus, dass sie, obwohl Informationstext, sozusagen nur aus dem Hauptteil besteht. Darüber hinaus steht noch der informatorische Höhepunkt des Textes wider die übliche Ordnung gleich am Anfang, in der Überschrift: *Frieden in Nahost! – Drei tote Jugendliche nach Komasaufen – Dax auf Drei-*

jahreshoch usw. Direkt mit der Tür ins Haus zu fallen ist für eine Meldung also stilneutral. In einem wissenschaftstheoretischen Aufsatz hätte das dagegen einen Stileffekt (oder wäre, falls nicht gekonnt gehandhabt, eine Stilblüte).

Das heißt nun aber nicht, dass man nicht erst einmal mitteilen sollte, worum es überhaupt geht. Gerade bei längeren Informationstexten ist eine geraffte, allgemein gehaltene Vorabübersicht sinnvoll (Advance Organizer), damit der Leser seinen Erwartungshorizont sachangemessen justieren und so den Inhalt leichter und besser aufnehmen kann (in längeren Zeitungsartikeln ist zum Beispiel die meist fett gedruckte Zusammenfassung vor dem eigentlichen Text solch eine strukturierende Vorabübersicht).

Bei kürzeren Informationstexten kann das schon die Überschrift übernehmen, sofern man diese nicht lieber für die Funktion des Anreizens reservieren möchte. Die Aufgabe, Blickfang zu sein, durch eine schicke oder trickreiche Formulierung zum Lesen anzuregen, auf der einen Seite und die Aufgabe, den Inhalt zu beschreiben, auf der anderen sind die beiden wichtigen Funktionen einer Überschrift. Mal steht das eine im Vordergrund, mal das andere. Am elegantesten ist es natürlich, wenn der Autor beides geschickt miteinander zu verbinden weiß.

Aber mit einer attraktiven Überschrift allein ist es nicht getan. Allgemein ist ein attraktiver Anfang ungemein wichtig, um beim heutigen Durchschnittsleser den sekundären Lesewiderstand zu überwinden, d. h. ihn bei der Stange zu halten, wenn er erst einmal zu lesen begonnen (den primären Lesewiderstand überwunden) hat. «Mit einem Erdbeben anfangen – und dann langsam steigern» ist eine alte Hollywood-Devise. Für sachliche Informationstexte ist das sicher übertrieben, aber langweilen will ja kein Autor seine Leser. In einen attraktiven Anfang darf man daher getrost ein überdurchschnittliches Maß an Mühe und Überlegung investieren, vor allem aber Phantasie. Wenn's mit Letzterer hapert, greift man gern auf die Fähigkeiten professionell Phantasievoller zurück und setzt ein attraktives Zitat an den Anfang seiner Ausführungen. Dagegen ist im Prinzip nichts zu sagen: Besser gut zitiert als schlecht selbst geschöpft! Allerdings will auch ein Zitat gut ausgewählt sein. Nicht selten ist das Zitat an sich durchaus attraktiv, aber der Bezug zum Text eher allgemein. Unmittelbar und damit reizvoll soll das Verhältnis von Zitat und Text sein.

In einem populärwissenschaftlichen Text zur Klimakatastrophe, der unser technologisches Verhältnis zur Natur thematisiert, ließe sich etwa mit einigem Reiz Robert Musil zitieren:

«Über dem Atlantik befand sich ein barometrisches Minimum [...] Die Isothermen und Isotheren taten ihre Schuldigkeit. Die Lufttemperatur stand in einem ordnungsgemäßen Verhältnis zur mittleren Jahrestemperatur, zur Temperatur des kältesten und wärmsten Monats und zur aperiodischen monatlichen Temperaturschwankung. [...] Der Wasserdampf in der Luft hatte seine höchste Spannkraft, und die Feuchtigkeit in der Luft war gering. Mit einem Wort, das das Tatsächliche recht gut bezeichnet, wenn es auch etwas altmodisch ist: Es war ein recht schöner Augusttag des Jahres 1913.»
(Robert Musil, «Der Mann ohne Eigenschaften»)

44 Aufbau persuasiver Texte

Die gleichen Argumente zu verwenden heißt nicht, gleich zu argumentieren. Die Macht der besseren Argumente hängt wesentlich auch von der Argumentation ab, d. h. davon, wie man die vorhandenen Argumente anordnet und vorbringt. Die überzeugendsten Argumente nutzen viel weniger, wenn sie in einer zerfaserten Argumentation verschwinden: Gute Argumente sind notwendige Voraussetzung, um zu überzeugen, aber nicht hinreichende. Und der Autor, der gar nicht unbedingt überzeugen will, sondern lediglich überreden, weiß nur zu gut, dass auch an sich nicht so überzeugende Argumente durch eine geschickte Argumentation durchaus wirkungsvoll «aufpoliert» werden können (das haben wir aber natürlich nicht nötig).

Die Argumentation, die Ordnung der Argumente, wird natürlich nicht immer gleich differenziert sein. Wie ausgefeilt die argumentative Gliederung der Gedanken zu sein hat, hängt vom Thema ab und natürlich auch von der Länge des Textes. Das zweibändige Werk zur biologischen Teichwirtschaft bedarf sicherlich einer sorgfältigeren Gliederung als eine Kleinanzeige unter der Rubrik Tiermarkt. Aber selbst für vergleichsweise kurze persuasive Texte bietet sich eine Grobgliederung in vier Teile an: Einleitung – Darstellung – Überzeugung – Schluss.

AIDA nennt man das in der Werbung:
- A steht für attention (Aufmerksamkeit = Einleitung)
- I für interest (Interesse = Darstellung)
- D für desire (Drang = Überzeugung)
- A für action (Aktion = Schluss)

Einleitung/attention

Wenn ein Autor seine(n) Leser von etwas überzeugen will, ihn mithin bewegen will, eine Handlung auszuführen oder eine Einstellung
einzunehmen, wird er normalerweise mit einem gewissen Wider-
stand gegen das Neue des Ansinnens rechnen müssen. Über das
Neue des Inhalts hinaus ist Lesen auch immer eine Auseinandersetzung mit dem «Fremdseelischen» des Autors. Auch das bedeutet
zunächst einmal Lesewiderstand. Diese Widerstände gilt es zu
überwinden. Das kann gelingen, wenn der Autor zunächst einmal
die Aufmerksamkeit (attention) des Lesers erregt. Aufmerksamkeit
zu erregen ist bei persuasiven Texten die wichtigste Funktion der
Einleitung.

Die Einleitung wird daher auch mit Gedanken locken, denen der
Leser sich kaum wird entziehen können. Aus der Werbung sind uns
allen ja die immer wieder gleichen Standards geläufig, derer sich die
einleitenden «Aufreißer» bedienen: Jugend, materieller Gewinn,
Anerkennung (Prestige), Vergnügen, Zufriedenheit, gelingende
Kommunikation usw. Da darf dem Autor gern einmal etwas anderes einfallen. Das geht freilich nicht ohne Phantasie – selbst dann
nicht, wenn der Autor sich darauf beschränkt, die Standards differenziert «auszuschlachten» oder auch zu erweitern.

Da bieten sich rhetorische Figuren an, die geeignet sind, Neugier
zu wecken und mitzureißen, Mittel wie Wortspiel, Paradoxie, Klimax, Hyperbel usw. (siehe unten, ab Punkt 46).

Darstellung/interest

Hierbei geht es um die Sache selbst. In persuasiven Texten reicht es
meist nicht, rein sachlich darzustellen, sondern das Dargestellte ist
zugleich auf die Bedürfnis- und Interessenlage der potenziellen
Adressaten hin abzustimmen. Der Leser sollte sich nicht erst fragen
müssen: Was geht mich das an?

Sachverhalte sollten selbstverständlich vor allem erst einmal klar und verständlich sein. Daher werden bei der Darstellung Gesichtspunkte der Textverständlichkeit ganz im Vordergrund stehen.

Da aber die Darstellung in den meisten Fällen schon auf die Bedürfnisse und Interessen der Leser abzustimmen sein wird, werden auch Stilmittel zum Einsatz kommen, die – wie bereits bei der Einleitung – Neugier und Aufmerksamkeit erregen können, und solche, die in der Lage sind, Autor und Adressat in eine Gemeinsamkeit einzubinden, etwa Variation, Verwendung von einschlägigen Fachwörtern, rhetorische Frage, Anakoluth, eingeschobene persönliche Anrede (in Briefen etwa), Detaillierung usw. (siehe unten).

Überzeugung/desire

Hier sind wir endgültig im eigentlichen Terrain der Argumentation angelangt. Alle Register können gezogen werden.

Das erste Register heißt auf jeden Fall Abwägung der Argumente. Eine elegante und überzeugende Argumentation wird sich eher auf die Qualität der Argumente stützen als auf deren Quantität. Nicht alles aufzählen, was einem gerade einfällt. Aussortieren. Die Logik von Argumenten beachten.

Oft ist ein spezielles Argument in einem allgemeineren schon enthalten. Es ist dann abzuwägen, ob das spezielle ganz weggelassen werden kann oder ob es sich lohnt, darauf hinzuweisen, welche speziellen Folgen sich noch aus dem allgemeinen Argument ergeben. Auch umgekehrt kann man vorgehen, indem man bei spezielleren Argumenten auf die allgemeineren Dimensionen hinweist, die damit verbunden sind.

Der Autor wird abwägen, wann es günstiger ist, vom Allgemeinen zum Besonderen vorzugehen (deduktiv), und wann vom Besonderen zum Allgemeinen (induktiv). Das Deduktive ist in der Regel verständlicher. Das Induktive bindet den Leser dagegen viel stärker mit in die Argumentation ein, indem er nachvollziehen kann, wie aus Einzelfällen auf allgemeinere Aussagen geschlossen wird. Dadurch haftet das Eingesehene meist besser (etwa im Schulunterricht).

Hat man einige starke, voneinander relativ unabhängige Argumente parat, so ist es nicht unklug, diese nach Wichtigkeit zu sortieren, das zweitwichtigste an den Beginn zu stellen und die restlichen nach Wichtigkeit aufsteigend zu ordnen bis zum wichtigsten Argument am Schluss (nicht als Rezept zu verstehen).

Der Autor, der überzeugen, nicht überreden will, wird auch Argumente würdigen, die gegen seine eigene Sache sprechen, und versuchen, diese zu widerlegen oder doch zu zeigen, dass die Gegenargumente nicht so stark sind wie die eigenen. (Für die bloß überredende Rhetorik ist dies nicht unbedingt üblich: Eine Werbeagentur, die ein neues Alcopop auf dem Markt platzieren will, wird sich kaum die Mühe machen, das Argument, dass Alkohol der Gesundheit schade, zu widerlegen. Die Agentur wird diesen Punkt einfach ignorieren und den Genuss von Alcopops mit einem positiven Lebensgefühl assoziieren.)

Sprachliche Mittel, die Aufmerksamkeit und Neugier erregen können, sind selbstverständlich auch hier angebracht. Dazu im Grunde das ganze Repertoire von sprachlichen Mitteln, welche Aussagen veranschaulichen, mildern oder verstärken oder auf geeignete Weise emotional bereichen. Mittel, welche die Argumentation beleben oder beruhigen, für Abwechselung sorgen. Mittel, welche die Person des Autors als kompetent, vertrauensvoll, menschlich integer oder als vom Thema sehr betroffen darstellen. Mittel, die den Adressaten mit seinen Interessen einbinden, eine Gemeinschaftlichkeit zwischen Autor und Adressat erzeugen und, und, und (siehe die Punkte 46 bis 91).

Schluss/action

Der Schluss hat im persuasiven Text meist die Funktion, noch einmal deutlich zu machen, wozu man den Leser bewegen will, was dieser denn jetzt tun soll – *action* heißt *Handlung*. In vielen Geschäftsbriefen und Internetauftritten wird eine solche Handlung oft auch ganz unverhohlen mit einem Imperativ, also einer Befehlsform, gefordert, etwa:

Überweisen Sie den Betrag auf das Konto XY. – Fordern Sie unseren Katalog an! – Lassen Sie Ihre Heizungsanlage von uns überprüfen!

Dispositionen

Solch eine Gliederung in Einleitung, Darstellung, Überzeugung und Schluss (AIDA) ist für kleinere Alltagstexte ganz passabel. Für komplexere Angelegenheiten bietet die Rhetorik weitere Möglichkeiten, die eigenen Gedanken wirkungsvoll zu ordnen, zu «disponieren».

In der zweigliedrigen Disposition werden die Argumente im Hauptteil einem vorgegebenen Gegensatz folgend angeordnet: [Einleitung –] Antithese – These [– Schluss].

Dabei können fortlaufend Argumente und Gegenargumente konkurrieren; es können aber auch alle Argumente auf der einen und alle Gegenargumente auf der anderen Seite jeweils zusammengefasst werden, wobei die eigenen, stärkeren Argumente und Entkräftungen der Gegenargumente an das Ende der Argumentation gesetzt werden.

In der **dreigliedrigen Disposition** hält man die konkurrierenden Thesen scharf auseinander, um sie dann in einem dritten Schritt, der Synthese, gegeneinander abzuwägen und daraus eine Handlungs- bzw. Einstellungsempfehlung zu entwickeln: [Einleitung –] Antithese – These – Synthese [– Schluss].

45 *Aufgrund der gemäß BGB und der entsprechenden HausratsVO und des FamFG vorzunehmenden Zuordnung des Streitgegenstandes zum Hausrat ist der Streitgegenstand grundsätzlich durchaus dem gemeinsamen nach der Scheidung aufzuteilenden Miteigentum zuzurechnen*
versus:
Rechtlich sind die Leguane durchaus zum gemeinsamen Hausrat zu zählen und gehören daher Ihnen und Ihrem Exehemann gemeinsam

Veranschaulichen, aktualisieren, dynamisieren, vermenschlichen

Besonders gern lesen wir ja oder hören wir zu, wenn uns jemand eine aufregende Geschichte gut erzählt. Gute narrative Texte aber zeichnen sich dadurch aus, dass sie anschaulich sind, dass sie uns als

Leser quasi aktuell in das Geschehen hineinziehen, eine mindestens bemerkenswerte, wenn nicht gar spannende Handlung entwickeln und uns interessante Leute vorstellen. Der gemeine Stilratgeber orientiert sich ja gern an literarischen, meist narrativen Texten. Und so ist es nicht weiter verwunderlich, dass er diese klassischen Elemente der Narration empfiehlt, wenn es darum geht, einen Text attraktiver zu machen: veranschaulichen, aktualisieren, dynamisieren und vermenschlichen.

Aber ist es wirklich angemessen, das Prinzip der Heisenberg'schen Unschärferelation im Stile einer Räuberpistole zu entwickeln? Selbstverständlich ist das nicht angemessen. Auch hier sind – wie immer – Texttyp/Textsorte, Zielgruppe und Situation zu berücksichtigen. Der Autor hat sich gut zu überlegen, wann er die durchaus reizvollen narrativen Elemente einsetzen kann und wann nicht. Textsorten wie Reportage, Urlaubsbericht, Unternehmenshistorie usw. vertragen Narratives allgemein meist gut. Und einzelne dieser Elemente können (müssen nicht) fast überall angemessen sein. Welcher Bürger hätte zum Beispiel schon etwas dagegen einzuwenden, wenn Verwaltungstexte etwas anschaulicher würden? Verzichten kann man durchaus auf einen Text wie:

Sehr geehrte Frau Schorzwald,
aufgrund der gemäß BGB und der entsprechenden HausratsVO des BGB und des FamFG vorzunehmenden Zuordnung des Streitgegenstandes zum Hausrat ist der Streitgegenstand grundsätzlich durchaus dem gemeinsamen nach der Scheidung aufzuteilenden Miteigentum zuzurechnen. Aufgrund der von Ihnen beabsichtigten Unterbringung des Streitgegenstandes in einer Auffangstation und der damit fehlenden Eigennutzung wird das Gericht kaum einer Aufteilung dieses gemeinsamen Miteigentums mit dem alleinigen Ziele der Wegnahme zustimmen.

Anschaulicher:

Sehr geehrte Frau Schorzwald,
rechtlich sind die Leguane durchaus zum gemeinsamen Hausrat zu zählen und gehören daher Ihnen und Ihrem Exehemann gemeinsam. Daher ist es auch grundsätzlich durchaus möglich, diese Reptilien nach der Scheidung aufzuteilen. Da Sie die Tiere aber nicht für

sich selbst beanspruchen, sondern einer Auffangstation zukommen lassen wollen, wird das Gericht Ihnen diesen Streitgegenstand kaum zusprechen.

46 Rhetorische Figuren

Man glaubt ihn ja fast körperlich vor sich zu sehen, den dynamischen kreativen Werbetexter, wie er die Hände über dem Kopf zusammenschlägt, sobald von rhetorischen Figuren die Rede ist. Da wittert er den Angstschweiß oberstudienratgeplagter Abiturienten und die gepflegte Langeweile altphilologischer Seminare, ganz allgemein den Muff von tausend Jahren (ein bekennender Klugscheißer wiese hier darauf hin, dass man da getrost noch ein paar tausend Jahre drauflegen dürfe). Dabei verwendet der Werbetexter sie selbst, diese Figuren, etwa den Parallelismus in der *ob*-Satz-Reihung, die in der werblichen Sprache bis zum Überdruss bemüht wird:

Ganz gleich, _ob_ Sie anachronistisch eine lila Latzhose tragen, _ob_ Sie überzeugend ein zeitlos elegantes Kostüm ausfüllen oder _ob_ Sie budgetverachtend einen sündigen Haute-Couture-Traum überstreifen möchten: Das Modehaus Gonsolin kann nicht anders als durch Qualität überzeugen.

Wenn er die Figuren also schon verwendet, warum dann nicht phantasievoller? Wer rhetorische Figuren (Stilfiguren) einsetzt, vermittelt Inhalte über tradierte formale Strukturen, die verlässlich Stileffekte liefern. Es sind sozusagen Standards der Abweichung (im Grunde paradox). Hinter die zurückzufallen kann sich jeder Autor vergleichsweise leicht ersparen. Dazu müsste er allerdings einige dieser Strukturen (= Stilfiguren) kennen, und er müsste die Phantasie entwickeln, diese Figuren mit Inhalt zu füllen. Die Struktur ist zwar da, aber die Idee, wie sie genutzt werden kann, die muss der Autor schon selbst haben. Rhetorische Figuren zu verwenden heißt dann aber gerade nicht, bloß auf ausgefahrenen Gleisen zu fahren.

Freilich: Es ist mehr als zweifelhaft, dass jemand seinen Stil verbessert, indem er rhetorische Figuren auswendig lernt. Das kann kein Ziel sein. Aber eine Aufmerksamkeit dafür zu entwickeln, welche Fülle von rhetorischen Mitteln zur Verfügung steht, und diese Mittel in Beispielen vorgeführt zu bekommen, das kann schon beim

Üben helfen. Schreiben ist eine Fertigkeit. Und eine Fertigkeit verbessert man durch Üben, durch Training: «Es gibt nichts Gutes, außer man tut es» (Erich Kästner). Aber man muss halt eine Idee haben, eine Anregung, in welche Richtung man überhaupt mit Aussicht auf Erfolg trainieren kann. Einige Anregungen dieser Art wollen wir im Folgenden geben.

Und wozu dienen die von den Figuren gelieferten Stileffekte? Meist dienen sie dazu, das Gesagte mit Nachdruck zu versehen (Eindringlichkeit) oder hervorzuheben, die Aufmerksamkeit des Lesers zu heischen, den Leser mitzureißen oder die innere Beteiligung des Autors zu vermitteln.

Wir teilen die rhetorischen Figuren in vier Gruppen ein:

- Figuren der Hinzufügung, Wiederholung, Auslassung, Vertauschung
- Figuren der Wort- und Satzgliedstellung
- Figuren der Bedeutung und des Sinns
- musikalische Figuren und Kunstfiguren

47 Figuren der Hinzufügung, Wiederholung, Auslassung, Vertauschung

Rhetorische Figuren, die darin bestehen, dass Satzelemente gezielt hinzugefügt, wiederholt, ausgelassen oder vertauscht werden, dienen meist dazu, das Geschriebene mit Nachdruck zu versehen. Fast alle dieser Figuren kann man in den verschiedensten Texttypen und -sorten einsetzen. Einige sind eher schlicht, andere schon etwas konstruiert. Aber wo diese Figuren angemessen sind, sollte man sich deren Stileffekte als wirkungsorientierter Autor nicht entgehen lassen.

48 Das allgemeine Streben nach Geld interessiert mich nicht
versus:
Der Tanz ums Goldene Kalb macht mich still und stumm

Hendiadyoin

Unter Hendiadyoin (von griech.: *hèn dià dyoin* = eins durch zwei) versteht man zum einen ganz allgemein eine intensivierende Verbindung zweier synonymer Substantive, Verben oder anderer Wörter:

Die Pächterinnen fordern und verlangen ihr altehrwürdiges Recht.

Häufig verbindet der Autor das Hendiadyoin mit einer weiteren Figur, z. B. mit einer Alliteration (Stabreim, vgl. Punkt 83):

Der Tanz ums Goldene Kalb macht mich still und stumm

oder mit einem Chiasmus (vgl. Punkt 61): *Die Gefangenen bitten und flehen und flehen und bitten*

oder mit einem Reim: *Sie stieren und starren, sie warten und harren – die Toren und Narren.*

Solch eine Kombination aus Hendiadyoin und einer anderen Figur findet man übrigens auch in geläufigen Paarformeln: *Haus und Hof, angst und bang, kurz und klein* u. a.

Bis auf einige stark formalisierte Textsorten (Rechnung, Vertrag u. Ä.) können fast alle Texte gut mal ein Hendiadyoin dieser schlichten Art vertragen. Eine zusätzliche «Anreicherung» mit anderen Figuren wirkt in eher prosaischen Texten dagegen leicht fehl am Platze, also: «Nicht auf Glatzen Locken drehen» (Karl Kraus).

Zum anderen versteht man unter Hendiadyoin eine eher literarische Figur, bei der man einen Begriff durch zwei gleichrangige mit *und* verknüpfte Wörter wiedergibt, statt die logisch eigentlich passendere unterordnende Konstruktion zu wählen: *Sein Mitleid über sich selbst verwandelte sich in Hass und Bitterkeit gegen sein eigenes Wesen* (Karl Philipp Moritz, «Anton Reiser»), statt: *in bitteren Hass.* Oder: *Mir leuchtet Glück und Stern* (Johann Wolfgang von Goethe), statt: *Mir leuchtet der Glücksstern.*

49 Ihr solltet lieber zusammenarbeiten
versus:
Seid einig, einig, einig!

Geminatio

Ein einfaches Mittel, das Geschriebene eindringlicher zu gestalten, seine Wirkung zu steigern oder die Betroffenheit des Autors zu vermitteln, ist die Geminatio (lat. *geminatio* – Verdopplung). Bei der Geminatio wird ein Wort, seltener: eine Wortgruppe, sofort wiederholt:

Er läuft und läuft und läuft ... – Es will und will kein Tor gelingen. – Das ist sehr, sehr schade. – Seid einig, einig, einig (Friedrich Schiller). – *Jetz' bist so weit, weit weg, so weit, weit weg von mir* (Hubert von Goisern).

Natürlich lässt sich die Geminatio problemlos mit anderen Figuren verbinden, z. B. mit einer Epipher (vgl. Punkt 52):

Denn alle Lust will Ewigkeit – will tiefe, tiefe Ewigkeit (Friedrich Nietzsche, «Also sprach Zarathustra»).

Die Geminatio ist ein einfaches, aber durchaus starkes Mittel – es wäre dumm, wenn man es nicht nutzte, aber es empfiehlt sich, dies mit Bedacht zu tun. In expressiven und narrativen Texten passt es sicher sehr gut, in eher sachlichen Texten kaum.

50 Vielleicht geht es doch besser aus, als unsere Widersacher jetzt denken
versus:
Wer zuletzt lacht, lacht am besten

Anadiplose (Mäander)

Unter einer Anadiplose (von griech.: *anadíplosis* – Verdopplung) versteht man die Wiederholung des letzten Wortes bzw. der letzten Wortgruppe eines Satzes am Anfang des folgenden Satzes:

Ene, mene, mu // und raus bist du. // Raus bist du noch lange nicht, // sag mir erst, wie alt du bist. – Diese Unterhaltungselektronik ist doch nur fabrikneuer Schrott. Fabrikneuer Schrott ist alles, *was uns Konsumenten noch angeboten wird. – Wer zuletzt <u>lacht</u>, <u>lacht</u> am besten.*

Mit einer Anadiplose macht man den gedanklichen Zusammenhang zwischen zwei (Teil-)Sätzen besonders deutlich. Bei Aussagesätzen ist es im Grunde nur eine besondere Form einer linearen Thema-Rhema-Progression (vgl. Punkt 15). Anadiplosen kann man für alle Texttypen nutzen.

Vor allem in persuasiven, aber auch in deskriptiven Texten wird die Anadiplose auch gern eingesetzt, um einen Teil des Rhemas näher zu erläutern:

Ein Hauch von Graubünden schwebt über Südlimburg – Südlimburg, eine geologisch zum Eifel-Ardennen-Mittelgebirge zu rechnende Hügellandschaft, die den höchsten Punkt der Niederlande beheimatet.

In narrativen Texten dient die Anadiplose nicht selten dazu, ein Rhemateil einer Frage wiederaufzunehmen:

«Und was sagst du zu <u>Le Bozec</u>? – «<u>Le Bozec</u> ist nicht zu schlagen.» (Walter Hasenclever, «Giganten der Landstraße»)

«Das sagst du und stehst <u>ruhig</u>?» – «<u>Ruhig</u>? Ruhig!» (Franz Grillparzer, «Das Goldene Vlies»)

Werden mehr als zwei aufeinanderfolgende Sätze jeweils über eine Anadiplose gedanklich miteinander verknüpft, spricht man von einem **Mäander:**

Die Beschäftigten beschuldigten <u>die Unternehmensleitung</u>. <u>Die Unternehmensleitung</u> verwies an <u>die Politiker</u>. <u>Die Politiker</u> verschanzten sich hinter den Zwängen <u>der Globalisierung</u>. <u>Der Globalisierung</u> war das alles völlig gleichgültig.

51 Sie äußern sich über Abgelegenes, nicht aber über ihr engeres Umfeld
versus:
Sie erzählen von fernen Gestaden, sie erzählen von fremden Ländern, sie erzählen von exotischen Menschen. Was aber ihr eigenes Dorf angeht, bleiben sie merkwürdig stumm

Anapher

Gelegentlich muss man ja noch einmal von vorn beginnen, und zwar auf genau die gleiche Weise. Das machen pfiffige Autoren auch bei Sätzen: Die Anapher (von griech.: *anaphora* – Hinauftragen, Rückbeziehen) bedeutet eine Wiederholung eines Wortes oder einer Wortgruppe zu Beginn aufeinanderfolgender Sätze oder Satzteile:

Der Mohr hat seine Arbeit getan, der Mohr kann gehen (Friedrich Schiller, «Die Verschwörung des Fiesko zu Genua»).

In unmarkierten Aussagesätzen ist es meist das Thema, das mithilfe der Anapher besonders hervorgehoben wird. Die Anapher kann in solchen Fällen als besondere Ausprägung einer Thema-Rhema-Progression mit durchlaufendem Thema aufgefasst werden (vgl. Punkt 15):

Männer nehmen in den Arm. Männer geben Geborgenheit. Männer weinen heimlich. Männer brauchen viel Zärtlichkeit. Männer sind so verletzlich. Männer sind auf dieser Welt einfach unersetzlich. (Aus dem Herbert-Grönemeyer-Lied «Männer»)

Aber natürlich kann im Prinzip jegliches Anfangsglied eines Satzes im nächsten wiederum an den Anfang gestellt werden. Das könnte zum Beispiel auch durchaus eine Kombination aus Thema und Teilen des Rhemas sein wie in diesem Beispiel:

Sie erzählen von fernen Gestaden, sie erzählen von fremden Ländern, sie erzählen von exotischen Menschen. Was aber ihr eigenes Dorf angeht, bleiben sie merkwürdig stumm.

Ziemlich häufig – wie auch im Schiller-Beispiel und im letzten – verbindet sich die Anapher mit einem Parallelismus (vgl. Punkt 60).

52 Ihr haltet möglicherweise nicht viel von uns, aber ihr werdet uns dennoch nicht blamieren können versus: Ihr haltet uns vielleicht für Idioten, aber ihr macht uns nicht zu Idioten

Epipher

Was am Anfang von Sätzen geht, geht auch an deren Ende: die Wiederholung eines Wortes oder einer Wortgruppe. Die Wiederholung eines Wortes oder einer Wortgruppe am Ende aufeinanderfolgender (Teil-)Sätze nennt man Epipher (von griech.: *epiphora* – das Hinzubringen):

Doch alle Lust will Ewigkeit, will tiefe, tiefe Ewigkeit (Friedrich Nietzsche). – *Ihr haltet uns vielleicht für Idioten, aber ihr macht uns nicht zu Idioten.*

Und ein sehr eindringliches Beispiel:

Die Arbeitnehmer wollen die Finanzmärkte stärker geregelt sehen, die Arbeitgeber wollen die Finanzmärkte stärker geregelt sehen, die Selbstständigen wollen die Finanzmärkte stärker geregelt sehen, die Politiker wollen die Finanzmärkte stärker geregelt sehen, selbst vereinzelte Banker wollen die Finanzmärkte stärker geregelt sehen: Warum sehen wir die Finanzmärkte nicht stärker geregelt?

Mit einer Epipher betont man den Rhemagipfel, man hebt eine ganz bestimmte Information besonders hervor. Meist wird verschiedenen Themen das gleiche Rhema oder doch zumindest der gleiche Rhemagipfel zugeordnet (aber anders im obigen Nietzsche-Zitat, in dem das Thema nicht wechselt). Eine solche außerordentliche Betonung des Rhemagipfels kann in ganz verschiedenen Texttypen und -sorten funktional sinnvoll sein.

53 *Viele Jahre lang wurde immer nur geredet*
versus:
Da gingen die Jahre ins Land. Da gingen einige Reden ins Land

Symploke

Zugegeben, nicht gekonnt konstruiert wirkt sie eben nur konstruiert: die Symploke (von griech.: *symploka* – das Zusammengeknüpftsein), die Kombination von Anapher und Epipher. Es beginnen also zwei aufeinanderfolgende Sätze mit demselben Wort bzw. derselben Wortgruppe und sie enden auch mit demselben Wort bzw. derselben Wortgruppe:

Da gingen die Jahre ins Land. Da gingen einige Reden ins Land.
(Wolf Biermann) Oder: *Hast du am Strand gebaut, hast du auf Sand gebaut.*

Recht kunstvoll konstruiert bei Nietzsche:
Und wer mich sieht, der kennt mich,
und wer mich kennt, der nennt mich
den heimatlosen Herrn.

Die Symploke wird man vornehmlich in literarischen Texten erwarten. Aber auch in trickreicheren Alltagstexten kann ein geschickter Autor sie sicherlich mit Gewinn verwenden, beispielsweise in einem flotten Werbespruch.

54 *Das solltest du unterlassen, Kiki*
versus:
Das nicht, Kiki, das nicht!

Kyklos (Zyklus, Rahmen)

Wenn man Kyklos (von griech.: *kyklos* – Kreis, Ring, Rad) mit «Rahmen» übersetzt, ist das einerseits schon treffend: Denn Kyklos heißt, dass ein Wort oder Wortgruppe am Anfang eines Satzes (oder auch Textstückes) auch wieder an dessen Ende erscheint, also durchaus einen Rahmen bildet. Andererseits leitet «Rahmen» auch in die Irre, denn «Rahmen» impliziert, dass der eigentliche Inhalt sich dazwischen befindet. Bei Kyklos dagegen ist der Rahmen eindeutig der inhaltliche Schwerpunkt:

Das nicht, Kiki, das nicht! Oder: *Ich duld es nicht, // Weh! solche Reden! du? Ich duld es nicht.* (Johann Christian Friedrich Hölderlin, «Der Tod des Empedokles»). – *Hoch dem großen Egmont, hoch!* (Johann Wolfgang von Goethe, «Egmont»)

Auch der Kyklos wird gern mit anderen Figuren kombiniert, im folgenden Beispiel mit der Prolepse (vgl. Punkt 63) und der Geminatio (vgl. Punkt 49):

Ein Pferd, ein Pferd, ein Königreich für ein Pferd! (William Shakespeare, »Richard III.»)

Der Kyklos wird nicht nur als Satz-, sondern auch als Textfigur eingesetzt. Dann beginnt ein Textstück (zum Beispiel eine Strophe) mit dem gleichen Wort, der gleichen Wortgruppe, dem gleichen Satz oder dem gleichen Text, mit dem es auch schließt:

Die ersten Wörter stehen
am Anfang dieser Zeilen.
Doch wird man unten sehen
(wenn sie sich nur beeilen)
dann wieder – kein Versehen -
in der letzten dieser Zeilen
die ersten Wörter stehen.

(Klaus Mackowiak)

Man ahnt schon: In poetischen Texten kann so ein Kyklos durchaus erfreuen, in narrativen und expressiven Aufmerksamkeit heischen oder das zentrale Anliegen verdeutlichen, in persuasiven das alles auch und eventuell noch die persönliche Betroffenheit des Autors ins Spiel bringen. In informativen Sachtexten dagegen wird es schwer, den Kyklos funktional sinnvoll einzusetzen.

55 Vom Leid seiner Patienten unbeeindruckter Arzt versus: Medizyniker

Kontamination

Gekonnt eingesetzt ist ja hier und da gerade das Falsche das Richtige. Das gilt zum Beispiel für die Kontamination (von lat.: *contaminatio* – Berührung, Befleckung). Eigentlich handelt es sich dabei um einen bestimmten Typ von Versprechern. Dabei werden versehentlich zwei Worte oder auch Wendungen zusammengezogen, etwa:
Katzenjammertal aus *Katzenjammer* und *Jammertal*
oder eine Wendung wie:
Frauke darf man nur mit rohen Handschuhen anfassen aus: *Frauke solltest du wie ein rohes Ei behandeln* und: *Frauke darf man nur mit Samthandschuhen anfassen.*

Wo es etwas deftiger zugehen darf, kann man so etwas natürlich auch ganz bewusst einsetzen, um gleichzeitig Aufmerksamkeit zu heischen und etwas mit einiger Schärfe auf den Punkt zu bringen – vor allem in wertenden (evaluativen) Texten, etwa Kommentaren oder Rezensionen. Allerdings bedarf es da schon eines passablen Einfalls, besser eines guten.

Einige Beispiele für bewusste Wortkontaminationen: *Herminator* (aus *Hermann Maier*, Skifahrer, und *Terminator*, Rolle von Arnold Schwarzenegger), *Schiege* (berühmte bzw. berüchtigte gentechnisch produzierte Chimäre aus Schaf und Ziege), *Medizyniker, Ehrgeizhals, Kompromissgeburt, Pubertätlichkeiten, akadämlich, jaguartig* usw. Ein Beispiel für die Kontamination von Wendungen: *Wer den Schaden hat, spottet jeder Beschreibung* (Heinz Erhardt).

Etliche Kontaminationen sind längst in den allgemeinen Sprachgebrauch eingegangen:
jein, Teuro, Smog, Brunch, Denglisch, Infotainment, Besserwessi, Kurlaub, tragikomisch und viele mehr, auch Markennamen zählen dazu, etwa: *Osram* (aus *Osmium* und *Wolfram*), *Tesa* (aus *Tesmer* und *Elsa*), oder *Slimnastik* (aus *slim* und *Gymnastik*).

56 Refrain

Den Refrain (von frz.: *refrain* – Rückprall, eigentlich der der Wogen an den Klippen), die regelmäßig am Ende einer Strophe wiederkehrende Wortgruppe, kennen wir vor allem aus Liedern und Schlagern, auch in manchen Gedichten findet er sich. Doch auch in Prosatexten, etwa in feierlichen Reden, ist er durchaus vorstellbar. Für Alltagstexte würde der Refrain im Allgemeinen wohl als viel zu kunstvoll bzw. künstlich empfunden, als dass er funktional sinnvoll sein könnte.

57 *Das nennen wir Service total mit allen Leistungen der Premiumklasse in allen 3- und 4-Sterne-Hotels in Landers und Umgebung*
versus:
Das nennen wir Service total. Mit allen Leistungen der Premiumklasse. In allen 3- und 4-Sterne-Hotels. In Landers und Umgebung

Ellipse

Wer wüsste nicht von Situationen, in denen weniger mehr ist. Auch beim Schreiben lässt man gern mal was weg. Ellipse (von griech.: *élleipsis* – das Auslassen) heißt diese Ersparung von Redeteilen. Meist verdankt sie sich der puren Sprachökonomie:

Nachdem wir die Räder abgestellt [hatten] und abgeschlossen hatten, wandten wir uns gen See und [wir] pfiffen munter vor uns hin.

Allerdings kann man die Ellipse auch bewusst als Stilmittel ins Spiel bringen, zum Beispiel, um Mündlichkeit zu suggerieren:

«Feuer!» – «Wo?» – «Im Ofen.»

Wenn man etwas weglässt, kann das auch neugierig machen oder gar Spannung erzeugen. Dazu nutzt man die Ellipse vor allem in narrativen Texten:

Der Bischof fand alle Möbel an ihrem Platz, aber nun von löchrigen Laken verhüllt. Was sollte die Inszenierung? Und da wieder diese fürchterlichen Asseln. Olga. Die Couch?

Von Werbetextern heiß geliebt ist die Scheinellipse. Dazu nimmt man einen Satz und setzt einfach je nach Belieben nach bestimmten Satzgliedern einen Punkt, obschon da keiner hingehörte. So wird aus:

Das nennen wir Service total mit allen Leistungen der Premiumklasse in allen 3- und 4-Sterne-Hotels in Landers und Umgebung

zum Beispiel:

Das nennen wir Service total. Mit allen Leistungen der Premiumklasse. In allen 3- und 4-Sterne-Hotels. In Landers und Umgebung.

Den Satz so zu «zerhacken» hat durchaus eine Funktion, eine Wirkung. Denn in einem unmarkierten Aussagesatz liegt der Informationsschwerpunkt in der Regel am Ende. Zerlegen wir einen Satz durch Punkte in zwei, drei oder vier Sätze, bekommen wir auch zwei, drei oder vier solcher Schwerpunkte. Was sinnvoll sein kann, wenn wir alle diese Einzelinformationen als ganz besonders wichtig verkaufen wollen. Das kann man natürlich mal machen. Aber wenn – wie in Werbetexten gar nicht selten – das in einem überschaubaren Textchen öfter vorkommt, stellt sich leicht Überdruss ein und die beabsichtigte Wirkung bleibt aus. Überdruss, weil immer nur das gleiche Stilmittel verwendet wird, was gegen das Abwechslungsprinzip verstößt. Und nicht die beabsichtigte Wirkung, weil in inflationär eingesetzter Wichtigkeit irgendwie nichts mehr wichtig ist.

58 *Wenn die Tussi das wirklich durchzieht, dann müssten wir ja alle unseren Hut nehmen, uns einen neuen Job suchen, befürchten keinen zu kriegen und auch privat allerlei Unbill erdulden*
versus:
Wenn die Tussi das wirklich durchzieht, dann müssten wir ja alle ...

Aposiopese

Wenn einem nicht nur die Spucke wegbleibt, sondern auch noch die Worte fehlen oder gar ganz, ganz überflüssig erscheinen, redet der gemeine Rhetoriker von der Aposiopese (von griech.: *aposiopesis* –

das Verstummen), dem bewussten plötzlichen Abbrechen der Rede, um den Ausdruck zu steigern:

Wenn die Tussi das wirklich durchzieht, dann müssten wir ja alle … Nein, nein, das kann sie nicht wirklich tun, oder …?

Oder bei Wilhelm Busch:

«Liebes Mädchen, sag mir, ob –?»
Und sie lächelt: «Ja, Herr Knopp.»

Die Aposiopese vermittelt vor allem ein Gefühl des Ungeahnten (im Guten wie im Bösen, im Schönen wie im Hässlichen), des schamvoll Verschwiegenen und/oder die innere Bewegtheit der Beteiligten der Geschichte. Und «Geschichte» sagt schon: Die Aposiopese kann vor allem in narrativen Texten mit entsprechender Wirkung eingesetzt werden.

59 Figuren der Wort- und Satzgliedstellung

Ungewöhnliche Wort- und Satzgliedstellungen fallen natürlich zunächst einmal auf. Daher liegt es nahe, ihnen die Funktion zuzuschreiben, die Aufmerksamkeit des Lesers zu heischen. Das tun die Figuren der Wort- und Satzgliedstellung gewiss, aber nicht selten leisten sie mehr.

So kann eine Parallelität zwischen Form und Sinn bestehen, beim Chiasmus etwa kann eine Entgegensetzung in der Wortstellung einem Gegensatz im Sinn des Geschriebenen entsprechen. Dann heischt die Figur nicht nur Aufmerksamkeit, sondern unterstreicht auch den Sinn der Aussage. Die Figur kann die Betroffenheit des Autors vermitteln, die der beschriebenen Personen deutlich machen oder auch nur mitreißen.

60 *Wir sollten taktisch klug vorgehen, um Erfolg zu haben*
versus:
Flach spielen. Hoch gewinnen

Parallelismus

Man kann zwei Geraden parallel konstruieren, man kann zwei Sätze parallel konstruieren. Im letzteren Fall werden Sätze (oder gar ganze Textabschnitte) grammatisch gleich aufgebaut, die Satzglieder aber alle oder nur zum Teil inhaltlich unterschiedlich besetzt. Werden alle oder doch die meisten Satzglieder inhaltlich unterschiedlich besetzt, betont die parallele Struktur eine Gemeinsamkeit der Satzaussagen insgesamt, im folgenden Beispiel, dass alle genannten Orte geographische Besonderheiten zu bieten haben:

Eupen liegt am Fuße des Hohen Venns. Bütgenbach schaut auf die Schneeeifel. St. Vith ziert die Verbindung nach Luxemburg

oder aber auch einen Gegensatz der Gesamtaussage:

Flach spielen, hoch gewinnen. – Ars longa, vita brevis – die Kunst ist lang, das Leben kurz. – Getrennt marschieren, vereint schlagen (Helmuth v. Moltke).

Johann Wolfgang von Goethe setzt die Figur im Gedicht «Der Fischer» zweimal kurz hintereinander ein, zunächst um eine Verstärkung der Aussage zu erreichen, danach, um einen gewissen Gegensatz auszudrücken:

Sie sprach zu ihm, sie sang zu ihm.
Da wars um ihn geschehn:
Halb zog sie ihn, halb sank er hin
und ward nicht mehr gesehn.

Besetzt man dagegen nur die Subjekte oder Teile des Rhemas inhaltlich anders:

Der Weinberg hängt voll Reben,
der Hund an Herrchens Blick,
der eine hängt am Leben,
der andere am Strick… (Heinz Erhardt)

kann man durch die parallele Struktur auch herausstellen, dass gleichzeitig eine Gemeinsamkeit (*hängen*) und ein Gegensatz vorliegt (wer an wem). Ähnlich auch in folgenden Beispielen:

Ich habe Herrn Assauer nie als ‹Kaschmirproleten› bezeichnet. Ich habe Herrn Assauer ‹Kaschmirhooligan› genannt (Michael Meier als Manager von Borussia Dortmund).

Wie sich mein Leben verändert hat und wie es sich doch nicht verändert hat im Grunde! (Franz Kafka, «Forschungen eines Hundes»)

Der Parallelismus kann im Grunde in allen Texttypen sinnvoll eingesetzt werden.

61 *In der künstlerischen Darstellung muss man verfremden, um aus dem Gewirr des Lebens das Wesentliche zu extrahieren*
versus:
Die Wirklichkeit ist bunt, schwarz-weiß ist realistischer (aus einem Wim-Wenders-Film)

Chiasmus

Chiasmus (abgeleitet vom griech. Buchstaben *chi* – ch) heißt, die syntaktischen Elemente spiegelbildlich, quasi überkreuz anzuordnen (so weit, wie das die Syntax zulässt). Gegensätze kann man durch die Figur des Chiasmus noch hervorheben:

Er mochte Lena, Lale liebte er. – Die Betrügerin war irre schön; schön irre war der Betrogene.

Wirklich rein spiegelbildliche Anordnungen lässt die deutsche Grammatik aber selten zu. Daher wird oft nur halbwegs chiastisch konstruiert:

Die Wirklichkeit ist bunt, schwarz-weiß ist realistischer (aus einem Wim-Wenders-Film). – *Der Mann ohne Eigenschaften besteht aus Eigenschaften ohne Mann* (Robert Musil, «Der Mann ohne Eigenschaften»).

Aber auch überraschende Identität kann so betont werden:

Dick ist dünn, dünn ist dick.

Fair is foul and foul is fair: // Hover through the fog and filthy air (William Shakespeare, «Macbeth»).

So werden die Letzten Erste sein und die Ersten Letzte (Matthäus-Evangelium, Gleichnis von den Arbeitern im Weinberg).

Der Chiasmus ist als ein starkes formalisiertes rhetorisches Mittel sicher nicht für alle Texttypen geeignet. In stark persuasiven Texten (etwa in Werbetexten), narrativen, expressiven oder ästhetischen Texten kann der Chiasmus aber durchaus wirkungsvoll sein.

62 *Das Fiasko war abzusehen, nahm seinen Lauf und brach schließlich herein*
versus:
Es war abzusehen, es nahm seinen Lauf, es brach herein: das Fiasko

Katapher

Wenn ein Autor es spannend machen will, hält er schon mal gern hinterm Berg mit dem, worum es eigentlich geht. Dann nennt er zunächst einen wenig sagenden Stellvertreter (ein Pronomen, ein Zahlwort, ein Adverb o. Ä.), spricht diesem das eine oder andere zu und rückt erst ganz am Schluss mit dem heraus, dem der ganze Aufwand galt:

Er hatte eine abstoßend große Nase, freilich war er auch ein Meister des geschliffenen Wortes wie der einer geschliffenen Klinge: Cyrano de Bergerac. – Es war abzusehen, es nahm seinen Lauf, es brach herein: das Fiasko. – Sein Anzug war gepflegt, aber einfach, sein Gang war elastisch, aber zurückhaltend, seine Augen blickten prüfend, aber mild: Johannes Maas war sich seiner sicher…

Katapher nennt man diese Figur (von griech.: *kataphorá* – das Herabtragen, das Niederfallen). Eine Figur, die es spannend macht, ist natürlich vor allem in narrativen Texten angebracht. Aber auch in persuasiven Texten (in der Werbung zum Beispiel) oder in expressiven kann sie Wirkung erzielen.

63 *Ein Lindenbaum steht am Brunnen vor dem Tore* versus: *Am Brunnen vor dem Tore, da steht ein Lindenbaum*

Prolepse

Wenn etwas sehr, sehr dringend ist oder ganz, ganz wichtig, dann wartet man nicht immer, bis es wirklich an der Reihe ist, sondern zieht es gern einmal vor, hebt es dadurch heraus. Das tut, wo angemessen, auch der gewiefte Autor, indem er eine Prolepse (von griech.: *prolapsis* – Vorwegnahme) einflicht. Das heißt, der Autor stellt ein Satzglied voran, das dann im «eigentlichen» Satz wiederaufgenommen wird, meistens durch eine Proform:

Eine Eule, nach Athen tragen sollte man die ja bekanntlich gerade nicht. – Am Brunnen vor dem Tore, da steht ein Lindenbaum. – Hast du Frau Dr. Simonis gesehen, wie fundiert und gleichzeitig witzig sie diese komplizierte neue Theorie vorgestellt hat?

Seltener wird das gleiche Satzglied noch einmal wiederholt, wie beim schon erwähnten Shakespeare-Zitat:

Ein Pferd, ein Pferd, ein Königreich für ein Pferd! Hier hat die Prolepse die Gestalt einer Geminatio (vgl. Punkt 49), und das Ganze bildet zudem noch einen Kyklos (vgl. Punkt 54).

Die Wichtigkeit, die bei Shakespeare dem Pferd zukommt, ist eine sehr existentielle: Es geht um Leben und Tod. Daher vermittelt die Prolepse naturgemäß eine starke Emotionalität. Und man könnte meinen, sie sei daher nur in narrativen oder expressiven Texten am Platze. Dem ist aber durchaus nicht so. Denn die Wichtigkeit, um die es bei der Prolepse geht, kann durchaus eine sachliche sein. Damit kann die Prolepse im Grunde in allen Texttypen sinnvoll verwendet werden, wie z. B. in einer Kritik von Karl Kraus:

Die Theaterkritik aber, mit den dramatischen Wesen und den Bedingungen des Theaters heute nur noch so weit vertraut, als es die Erzeugung eigener Schwänke erfordert, sie hat sich stets der vorgeschriebenen Meinung angepasst, dass die Vollgestalt in den «Lustigen Weibern» [...] bloß eine nachträgliche Skizze sei.

64 *Ich hatte echt tierische Sehnsucht*
   versus:
   Ich hatte Sehnsucht, echt tierische

Anastrophe

In der Sprachwissenschaft spricht man von einer Anastrophe (von griech.: *anastrophe* – Umkehr, Umstellung), wenn die gewöhnliche Wortstellung umgedreht wird, vor allem, wenn eine Präposition hinter das dazugehörende Substantiv gestellt wird: *des ruinierten Griechenlands wegen* (statt: *wegen des ruinierten Griechenlands*), *zweifelsohne* (statt: *ohne Zweifel*).

Solch eine Anastrophe kann man aber auch gezielt einsetzen, um einen Stileffekt zu erzielen:

Du Depp, damischer! – Ich hatte Sehnsucht, echt tierische.

In den Beispielen hat der Autor mit diesem kleinen Trick die Attribute an den Schluss des Satzes befördert, auf den informatorischen Schwerpunkt des Satzes also. So verleiht er den Attributen einen besonderen Nachdruck.

65 *Die Unschuld des lockigen Knaben*
   versus:
   des Knaben lockige Unschuld

Enallage

Dass etwas da steht, wo es normalerweise nicht steht, ist ja gerade das Charakteristische der rhetorischen Figuren der Wort- und Satzgliedstellung. Aber einige Umstellungsfiguren sind schon sehr ungewöhnlich, dazu zählt auch die Enallage [von griech.: *enallage* – Verwechslung), das ist die Versetzung eines Attributs an eine eigentlich nicht passende Stelle:

des Knaben lockige Unschuld (Johann Wolfgang von Goethe) – *mit einem blauen Lächeln seiner Augen* u. a.

Auch so etwas wie *Die Zuschauer huldigten der Violinistin mit stehenden Ovationen* (statt: *Die Zuschauer huldigten der Violinistin stehend mit Ovationen*) zählt dazu. Diese Enallage-Wendung ist aber so gebräuchlich, dass sie keinen Stileffekt mehr erzielt.

Mit solch einer Enallage will der Autor bedeutungsähnliche Ausdrücke zur Verstärkung häufen, etwa *Unschuld* und als Symbol für Unschuld *lockig*. Enallagen, die nicht als feste Redewendungen (*stehende Ovationen*) zu werten sind, dürften eher literarischen Texten vorbehalten sein. Unter Umständen kann man sie sich noch in besonders raffinierten Werbetexten vorstellen.

66 Figuren der Bedeutung, des Sinns, dialektische Figuren

Das Gesagte verstärken, hervorheben, Aufmerksamkeit heischen, Betroffenheit vermitteln, den Leser mitreißen: Um diese einschlägigen Leistungen rhetorischer Figuren geht es auch hier. Nur werden bei den Figuren der Bedeutung, des Sinnes, der Dialektik diese Leistungen nicht durch formale Variationen der Syntax, sondern über den geschickten Aufbau von Bedeutungs- respektive Sinneinheiten erbracht.

67 *Die intensive Viehwirtschaft ist auch heute noch mit viel Arbeit verbunden* versus: *Eine Kuh macht Muh, viele Kühe machen Mühe*

Wortspiel

Ungebrochener Beliebtheit in allerlei Textsorten erfreut sich das Wortspiel, eine Figur der Bedeutung. Vielleicht, weil es oft so nahe liegt? Also vergleichsweise leicht zu machen ist? Die Gefahr ist dann natürlich, dass allzu Naheliegendes allzu unbedacht verwandt wird. Daher begegnen uns ja so viele richtig «doofe» Wortspiele – natürlich auch sehr viele gelungene. Jedenfalls ist das Wortspiel geradezu eine «Alltagsfigur».

Das Prinzip des Wortspieles ist – von Ausnahmen wie den am

Ende dieses Kapitels aufgeführten abgesehen – fast immer gleich: Es arbeitet damit, dass ein Wort oder eine Wendung in unterschiedlichen Zusammenhängen unterschiedliche Bedeutungen hat. Wenn man das nutzt, ergibt sich ein Überraschungseffekt, oft ein humoristischer wie bei einer Heinz-Erhardt-Werbung für Speiseöl:

Außerdem ist Mazzola leicht bekömmlich: Man bekommt es nämlich überall.

Andere Beispiele sind die Werbung für einen Radiosender: *Ö 1 gehört gehört*, oder eine Schlagerzeile: *I'm a man of means by no means king of the road* (Roger Miller, «King of the Road»).

Einige Wortspiele haben Geschichte gemacht. Wer erinnert sich beispielsweise nicht mit einem wohlgefälligen Schmunzeln an das Wortspiel, das in den siebziger Jahren ein Fußballfan aus dem Slogan einer kirchlichen Großveranstaltung zauberte, indem er auf ein Plakat «*außer: Stan Libuda*» hinzukritzelte? Nun stand da: *An Gott kommt keiner vorbei – außer: Stan Libuda.* (Als der Zauberrechtsaußen schon mit 52 Jahren verstarb, soll sich ja der Priester bei der Beerdigung nicht der kleinlichen Retourkutsche enthalten haben können: *Es kommt eben doch keiner an Gott vorbei.*)

Für ein gelungenes Wortspiel kommt es auf das Verhältnis an zwischen dem eigentlichen Bedeutungsunterschied der fraglichen Wörter oder Wendungen und dem dadurch erreichten Verfremdungseffekt für die gesamte Aussage: Je geringer der Bedeutungsunterschied der zugrunde liegenden Wörter im Vergleich zum schließlich erreichten Effekt, als desto gelungener wird meist das Wortspiel empfunden. Beim Libuda-Beispiel ist der zugrunde liegende Bedeutungsunterschied lediglich der zwischen übertragener Bedeutung und wörtlicher.

Das macht auch der Werbeslogan für eine Toilettenpapiermarke deutlich. Hier liegt der Bedeutungsunterschied nur in der zeitlichen und räumlichen Verwendung der Präposition *hinter*: *Vieles lernt man erst richtig zu schätzen, wenn man es hinter sich hat.* Dagegen ist in der Fortsetzung dieses Slogans: *Nutzen auch Sie unser Angebot für Ihr großes Weihnachtsgeschäft* der Bedeutungsunterschied zwischen den beiden Verwendungsweisen von *Geschäft* schon fast zu groß, als dass man das Wortspiel noch gelungen nennen könnte (es wäre also besser weggelassen worden).

Und es gibt ungemein gewitzte, gefinkelte Wortspiele, wie etwa das von Umberto Eco vorgestellte: *I VITELLI DEI ROMANI*

SONO BELLI. Hier geht es nämlich nicht darum, dass ein einzelnes Wort dieses Satzes eine doppelte Bedeutung aufwiese, nein, es sind alle. Denn fasst man den Satz als einen italienischen auf, heißt er schlicht: *Die Kälber der Römer sind schön.* Aber ist es überhaupt ein italienischer Satz? Er könnte auch lateinisch sein, dann hieße das Ganze: *Geh, Vitellius, beim Klang des römischen Kriegsgottes!*

Eine besondere Art des Wortspiels ist die **Paronomasie** (von griech.: *paronomasia* – Bezeichnung, Benennung). Sie arbeitet nicht mit unterschiedlichen Bedeutungen, sondern stellt Wörter (meist) verschiedener Herkunft, aber nur geringer lautlicher oder buchstäblicher Unterschiede so eng nebeneinander, dass ein Effekt entsteht. Dabei können die Sinn- und Bedeutungsaspekte, die mitvermittelt werden, ganz unterschiedliche sein:

Lust und Last (Gegensatz), *Tür und Tor* (Verstärkung, gleichzeitig Hendiadioyn), *wer rastet, der rostet* (Folge), *können und kennen* (Differenzierung) u. a.

Bei der **Annomination** wird ein Wort nur minimal verändert, etwa durch Lautdehnung oder -kürzung, durch Tausch von weichen und harten Konsonanten, durch Flexion, durch Buchstabenverdopplung, -umstellung oder -auslassung oder durch Vokaltausch. Dabei wird das zugrunde liegende Wort (meist) gar nicht mehr genannt, sondern ist zu erschließen:

Schwimmeuropameisterschaften in Istanpool, Hinterweltler (Nietzsches parodistische Übersetzung des Begriffs *Metaphysiker*). Oder in: *Ich kam, ich sah, ich siechte. – Blinder Eifler schadet nur!* Und fast trickreich: *Eine Kuh macht Muh, viele Kühe machen Mühe.*

Bei der **Etymologiefigur** (auch: figura etymologica) werden vom selben Wortstamm abgeleitete Wörter unterschiedlicher Wortarten miteinander in Beziehung gesetzt. Standards sind: *sein Leben leben, eine Schlacht schlagen, betrogene Betrüger.*

Ganz hübsch bei der Band Haindling (Titel: «Du Depp»): *Du Depp, du Depp, du Depp, du depperta Depp, du. Du depperta Depp, du Depp, schau di doch o.*

Wortspiele verbieten sich fast von selbst für sachliche Informationstexte. Aber gute neu geschöpfte Wortspiele eignen sich durchaus für expressiv geprägte evaluative Texte und bieten sich geradezu an für persuasive Texte.

68 *Er ist nicht mehr zu retten*
versus:
Et ess zo spät, dä Typ ess fäädisch, nä dä Typ, dä krisste wirklich nit mieh hin

Diärese

Sie tritt in zwei unterschiedlichen Varianten auf, die Diärese (von griech.: *diaíresis* – Trennung). In der schlichteren wird ein Hauptbegriff, eine Wendung in mehrere aneinandergereihte Unterbegriffe/-wendungen aufgeteilt. (Am Schluss können sie auch noch einmal zusammengefasst werden, indem eben der Hauptbegriff / die Hauptwendung genannt wird.) So sagt man statt:

Er ist nicht mehr zu retten

diärethisch etwa:

Et ess zo spät, dä Typ ess fäädisch, nä dä Typ, dä krisste wirklich nit mieh hin (aus einem BAP-Lied).

Oder mit abschließender Nennung des Hauptbegriffes:

Viola Schenk wird von allen Kritikern bewundert, von allen Regisseuren gesucht, von allen Paparazzi gejagt: Sie ist halt eine berühmte Schauspielerin.

Schon etwas anspruchsvoller ist die zweite Variante. Dabei stellt der Autor zwei gegensätzliche Möglichkeiten zur Disposition und fügt eine voran- oder nachgestellte Begründung oder Beurteilung hinzu:

Wenn er wirklich blöd ist, wird er ihre Kritik überhaupt nicht verstehen. Wenn er aber nicht blöd ist, ist ihre Kritik völlig unberechtigt. Warum also sollte Sylvie Kramer ihm ihre Kritik überhaupt mitteilen?

Die Diärese ist in ihrer ersten Variante in fast allen Texttypen und -sorten mit Erfolg verwendbar, in der zweiten eher in narrativen, evaluativen und expressiven Texten.

Oxymoron und Paradoxon

Nicht nur werden die Letzten die Ersten sein, nein, bisweilen sind auch die Dummen die Schlauen – etwa, wenn sie ein Oxymoron einsetzen, um die Aufmerksamkeit für ihren Text aufzufrischen. *Oxymoron* bedeutet so viel wie *klugdumm.* Das griechische Wort setzt sich zusammen aus *oxys – scharf, spitz, scharfsinnig* und *moros – einfältig, dumm.* Es bezeichnet Wendungen, die in sich betrachtet zunächst einmal widersprüchlich erscheinen, aber bei näherer Betrachtung durchaus einen (Hinter-)Sinn offenbaren. Einige Oxymora gehören schon zur Alltagssprache: So sind *der lautlose Schrei* und *das vielsagende Schweigen* schon recht abgegriffen.

Reizvoll dagegen Oxymora wie: *Gefühltes Wissen* (Horst Evers) – *Ich bin ein demokratischer Diktator* (Otto Rehagel) – *Schlaflieder zum Wachbleiben* (Sebastian Krämer) oder *dä Kopp voll nix* (Wolfgang Niedecken).

Auch Paul Celan hat mit dem Mittel des Oxymorons gearbeitet, etwa in seinem berühmten Gedicht «Todesfuge»: *Schwarze Milch der Frühe wir trinken sie abends [...]*

Stellt sich der scheinbare Widerspruch über einen ganzen Satz her, nennt man das übrigens Paradoxon:

Eile mit Weile. – Ihr Schweigen sagte alles. – Weniger ist mehr. – Ich stehe hinter jeder Regierung, bei der ich nicht sitzen muss, wenn ich nicht hinter ihr stehe (Werner Fink).

Bisweilen liegt der Widerspruch nicht im Text selbst, sondern darin, dass der Text überhaupt geäußert wird. Man spricht dann auch von einem performativen Widerspruch, etwa: *Ich befehle strikt, Befehlen niemals zu gehorchen!* Oder: *Möchte dich kurz von meinem erfolgten Ableben in Kenntnis setzen* (Robert Musil, «Der Mann ohne Eigenschaften»).

Oxymora und Paradoxa sollen Aufmerksamkeit erregen. Daher kann man diese Figuren ganz besonders gut in narrativen und persuasiven Texten einsetzen, dann allerdings natürlich keine der Standardfloskeln. Geschickt ausgewählt, können sie aber gelegentlich sicher auch reine Informationstexte aufwerten, d. h. verständlicher machen.

70 *Das ist wahr*
versus:
Das habe ich mit meinen eigenen Augen selbst gesehen

Pleonasmus und Tautologie

Ein Pleonasmus (von griech.: *pleonasmós* – Überfluss, Übermaß) ist die Häufung bedeutungsgleicher oder -ähnlicher Wörter oder Wendungen – *weißer Schimmel, seltene Rarität* – und eigentlich ein (Stil-)Fehler (vgl. Punkt 39). Gelegentlich wird der Pleonasmus aber auch bewusst zur Ausdrucksverstärkung eingesetzt, standardmäßig etwa in: *mit eigenen Augen sehen, vor vollendete Tatsachen stellen, Vorspiegelung falscher Tatsachen.*

Eine Tautologie (von griech.: *tautología* – das Dasselbesagen) im rhetorischen (nicht im logischen) Sinne gibt etwas doppelt wieder und wird ebenfalls zur Ausdrucksverstärkung eingesetzt, standardmäßig etwa in: *kurz und knapp, hinter Schloss und Riegel, nackt und bloß dastehen, auf immer und ewig, einzig und allein.* Bisweilen bezeichnet man damit auch einen pleonastischen Ausdruck auf Satzebene: *Der nicht enden wollende Marsch dauerte extrem lange.*

71 *Die rhetorische Frage zählt zu den bekanntesten Stilfiguren überhaupt*
versus:
Wer wollte leugnen, dass die rhetorische Frage zu den bekanntesten Stilfiguren überhaupt zählt?

Rhetorische Frage

Zählt nicht die rhetorische Frage zu den bekanntesten Stilformen überhaupt? Der Autor will den Leser damit bewegen, regen Anteil am Dargestellten zu nehmen, mitzudenken oder mitzufühlen oder mit wahrzunehmen oder mit-was-auch-immer. Dabei kann die rhetorische Frage nur ganz kurz als Aufmerksamkeitslenker eingestreut sein:

> *Das Théâtre de la Michodière gibt eine Komödie von Paul Géraldy und Robert Spitzer: «Son Mari». Was passiert? Eigentlich gar nichts. Jede Inhaltsangabe würde den Sinn vergröbern, die Wirkung banalisieren.* (Walter Hasenclever, «Pariser Feuilletons»)

Sie kann aber auch einiges an Inhalt tragen:

> *Was jedoch soll man dazu sagen, dass fünfzehn Jahre hindurch, eine lange Spanne im menschlichen Leben, viele zufällig, die Tatkräftigsten aber durch das Wüten des Kaisers ums Leben gekommen sind?* (Tacitus, «Agricola»)

Die rhetorische Frage ist in vielen Texttypen und -sorten zu Hause.

72 Im Juni werden wir etwa 400 Mitarbeiter rauswerfen versus: Im Juni werden wir etwa 400 Mitarbeiter freistellen

Euphemismus

Etwas beschönigen, verhüllen, mildern: Das leistet der Euphemismus (von griech. *euphemein* – Worte mit schöner Bedeutung sagen). Eingesetzt wird die Figur im Wesentlichen in zwei Bereichen. Der erste ist eine Art Dezenzbereich, in dem bestimmte Äußerungen vermieden werden, um

- höflich zu sein bzw. nicht zu verletzen, man denke an die vielen mildernden Ausdrücke für *sterben: abberufen werden, die Augen für immer schließen, die ewige Ruhe finden, entschlafen, entschlummern, heimgehen, ihre/seine letzte Reise antreten, in die ewigen Jagdgründe eingehen* und, und, und
- Anstößiges zu vermeiden, man denke an Verhüllendes wie: *Gesäß, Allerwertester, vier Buchstaben* usw.

Gegen einen solchen am Adressaten orientierten Gebrauch von Euphemismen ist natürlich nichts einzuwenden, wenn sie situationsangemessen eingesetzt werden. Die Standardeuphemismen wirken allerdings häufig abgegriffen, sodass man sich gerade in schriftlichen

Texten auch gern selbst etwas einfallen lassen darf, vielleicht so etwas wie *hörbar schlafen* für *schnarchen*. Euphemismen können vor allem in Kontakttexten sinnvoll eingesetzt werden, bisweilen auch in Informationstexten (in Traueranzeigen etwa), narrativen Texten.

Problematisch dagegen ist es, wenn Euphemismen zur Ablenkung und/oder Täuschung herangezogen werden. Wir finden so etwas nicht selten in der Politik oder in der Wirtschaft, um etwas, wofür der Autor selbst die Verantwortung oder die Mitverantwortung trägt, zu verschleiern: *Kollateralschaden, ethnische Säuberung, Preisanpassung, Mitarbeiter freisetzen, Separatorenfleisch* usw.

73 Sie sieht schlecht aus für ihr Alter
versus:
Sie sieht aus, als wär' sie dreißig, und sie macht //
auf zwanzig, dabei ist sie acht

Übertreibung (Hyperbel)

Manchmal ziehen einen ja Dinge ungemein an, von denen man partout nicht angezogen werden will – beispielsweise Fettnäpfchen. Wie peinlich … Aber keine Peinlichkeit ist so richtig schlimm, solange man eine auslässt, denn: *Nichts ist peinlicher, als Anglizismen zu verteufeln* (so Evelyn Finger in der ZEIT). Ist das aber nicht ein wenig übertrieben? Ja – aber «extra», pardon: ganz bewusst.

Die Übertreibung ist ein sehr schlichtes, aber immer wieder gern eingeschobenes Mittel, um die Aufmerksamkeit des Lesers zu heischen und/oder die Aussage zu verstärken. Natürlich wird man in den allermeisten Informationstexten von der Übertreibung kaum Gebrauch machen – der gebotenen Sachlichkeit wegen. Aber die Hyperbel erfüllt, angemessen eingeflochten, durchaus ihre Funktion in narrativen und expressiven Texten, wobei man sie auch gut mit anderen Figuren kombinieren kann. So gelingt Hannes Wader in den folgenden Zeilen des Liedes «Kokain» die Übertreibung über eine Steigerung (Klimax bzw. Antiklimax, vgl. Punkt 74) mit einer abschließenden Überraschung (Peripetie, vgl. Punkt 76):

Sie sieht aus, als wär' sie dreißig, und sie macht // auf zwanzig, dabei ist sie acht (Hannes Wader, «Kokain»).

Recht deftig übertreibt auch Raymond Chandlers legendärer Detektiv Philip Marlowe in «Der lange Abschied»:

Es gibt ja nichts Ruppigeres als einen ruppigen Mexikaner, ebenso wie es nichts Sanfteres gibt als einen sanften Mexikaner, nichts Ehrlicheres als einen ehrlichen Mexikaner und vor allem nichts Traurigeres als einen traurigen Mexikaner. Der Bursche hier war einer von der harten Sorte.

Und auch in persuasiven Texten sind Hyperbeln ganz regelmäßig zu Hause: *Wenn der Kaiser spricht, legen sogar die Engel ihre Harfen beiseite* (Max Merkel über Franz Beckenbauer).

74 Karthago verlor durch drei Kriege an Bedeutung versus:
Das große Karthago führte drei Kriege. Es war noch mächtig nach dem ersten, noch bewohnbar nach dem zweiten. Es war nicht mehr auffindbar nach dem dritten

Klimax und Antiklimax

Papst oder Kaiser, das sind schon machtvolle Positionen. Und man verdient wahrscheinlich auch nicht schlecht. Aber solche Positionen haben einen entscheidenden Nachteil: keine Aufstiegschancen. Das ist bei der Klimax (von griech.: *klimax* – Leiter, Treppe) ganz anders, hier geht's immer die Treppe rauf: vom schwächeren zum stärkeren Ausdruck, vom weniger Wichtigen zum Wichtigeren usw. Der Autor steigert also einen Gedankengang kunstvoll bis zum Informationsschwerpunkt, oft bis zur Pointe. Ein immer wieder – so also auch hier – zitiertes Beispiel für eine Klimax, die mit der Pointe einer rhetorischen Frage schließt, ist:

Es ist eine Schande, einen römischen Bürger zu fesseln; ihn zu geißeln ist ein verruchtes Verbrechen; ihn gar zu töten wäre so ungeheuerlich wie der Frevel des Elternmordes. Aber ihn ans Kreuz zu schlagen: Wie soll ich das nennen? (Cicero, «Reden gegen Verres»)

Bei der Antiklimax geht's dagegen naturgemäß abwärts: vom stärkeren zum schwächeren Ausdruck, vom Wichtigeren zum weniger Wichtigen usw.:

Das große Karthago führte drei Kriege. Es war noch mächtig nach dem ersten, noch bewohnbar nach dem zweiten. Es war nicht mehr auffindbar nach dem dritten. (Bertolt Brecht, «Brief an die deutschen Künstler und Schriftsteller»)

Eine wirkungsvolle Klimax (oder auch Antiklimax) aufzubauen bedarf eines gewissen Aufwandes an Wörtern. Das steht ein wenig der Tendenz moderner Texte entgegen, sich eher kurz und knapp zu präsentieren. So können wohl Klimax und Antiklimax allenfalls in Randbereichen des Schriftlichen noch funktional sinnvoll eingesetzt werden, am ehesten vielleicht in einigen persuasiven, expressiven und narrativen Texten (vor allem aber im Mündlichen: in Klatsch und Tratsch zum Beispiel).

75 Theo Schmidts fußballerische Fähigkeiten sind beschränkt
versus:
Theo Schmidt hat viele Fähigkeiten, die man einem defensiven Mittelfeldspieler wünscht:
Er ist zweikampf- und laufstark, teamorientiert und hat einen guten Draht zum Trainerstab. Nur: Fußball spielen, das kann er leider nicht

Anesis

Gerade für wertende (evaluative) Texte wie Rezensionen, Kommentare u. Ä. immer wieder beliebt ist die Sinnfigur der Anesis (im Altgriechischen das ‹Nachlassen›). Dabei stellt man einem negativen Urteil ein positives Urteil oder mehrere positive Urteile voran (meist Nebensächlichkeiten betreffend):

Theo Schmidt hat viele Fähigkeiten, die man sich einem defensiven Mittelfeldspieler wünscht: Er ist zweikampf- und laufstark, teamorientiert und hat einen guten Draht zum Trainerstab. Nur: Fußball spielen, das kann er leider nicht.

Dadurch vergrößert man die Fallhöhe. So kann etwa aus einem negativen Urteil ein vernichtendes werden:

Dieses Buch enthält viel Gutes und viel Neues – aber das Gute ist nicht neu und das Neue ist nicht gut (Gotthold Ephraim Lessing).

Wie gemein! (Und zudem im zweiten Teil noch grammatisch parallel und inhaltlich chiastisch konstruiert.) Die Anesis ist eng verwandt mit der Peripetie (vgl. Punkt 76) und könnte vielleicht als Peripetie in negativ urteilenden Texten aufgefasst werden.

76 Die schlichten Genüsse sind letztlich doch die vollsten versus: Das Schönste am Chablis ist doch das Pils danach

Überraschung (Peripetie)

Wer überrascht, ja verblüfft ist, ist auch ganz erfüllt von dem, was ihn verblüfft hat. Es hat seine ganze Aufmerksamkeit. So kann man, vor allem in persuasiven und narrativen Texten, das Mittel der Peripetie (Überraschung) einsetzen, um Aufmerksamkeit zu heischen:

Ich wüsst' grad niemand: gewitzt athletisch und integer, bewandert in Magie, Mythologie und Mord (Sebastian Krämer, «Chanson d'aventure»).

Unter Peripetie, eigentlich ein Begriff aus der (aristotelischen) Dramentheorie, versteht man die meist jähe entscheidende Wendung des bisherigen dramatischen Handlungsverlaufs ins Gegenteil, die Wende der Situation der/des Heldin/Helden zum Schlechten oder zum Guten (im klassischen Fünf-Akt-Drama am Ende des dritten oder am Anfang des vierten Aktes). Besonders effektvoll ist die Peripetie, wenn sie sich mit einer Anagnorisis verbindet, dem plötzlichen Erkennen von Personen oder Tatbeständen. In der Rhetorik meint der Begriff gelegentlich Wendungen, mit denen zunächst eine bestimmte Erwartung geweckt wird, allein, um diese sogleich wieder zu enttäuschen, indem die Handlung ganz anders als erwartet weitergeführt wird (vgl. auch Anesis, Punkt 75):

Am 13. dieses Monats schlug der Blitz in die hiesige Kreuzkirche – und setzte Tages darauf seine Reise weiter fort (Georg Christoph Lichtenberg, «Aus den Sudelbüchern»).

In dem Spruch *Das Schönste am Chablis ist doch das Pils danach* ist z. B. zunächst eine niveauvoll-kultivierte Lebensart aufgerufen, die dann aber durch eine ganz andere, bodenständige Trink- und

Lebensart konterkariert wird. Ganz ähnlich: *Alkohol ist keine Lösung. Wirklich nicht: Alkohol ist ein Destillat.*

Fast kunstvoll, weil mit einer Anagnorisis verknüpfend, überraschte der deutsche Fußballbundestrainer Bertie Vogts:

Die Kroaten sollen auf alles treten, was sich bewegt? Da hat unser Mittelfeld ja nichts zu befürchten.

Und wo wir gerade beim Fußball sind, sei noch ein entsprechendes Beispiel einer Peripetie angeführt:

Einige Leute halten Fußball für eine Sache von Leben und Tod. Ich mag diese Einstellung nicht. Ich versichere Ihnen, dass Fußball weit ernster ist (Bill Shankley, einst Manager des FC Liverpool).

77 Lange tat Willi schlicht nichts, wollte dann aber das schnelle Geld machen und bedrängte seine Finanziers, bis sich schließlich alle von ihm abwandten
versus:
Lange lag Willi auf der faulen Haut, dann aber auf der Lauer, seinen Gläubigern in den Ohren und schließlich niemandem mehr am Herzen

Zeugma

Die recht derbe Aufforderung *Nimm dir Zeit und nicht das Leben. // Fahr vor'n Baum und nicht daneben!* ist einerseits ein Paradoxon, andererseits aber auch ein recht typisches Beispiel für ein Zeugma (von griech.: *zeugma* – Zusammengefügtes, Joch): Dabei werden einem Prädikat (einem Verb) sehr unterschiedliche Objekte zugeordnet, von denen aber eigentlich nur eines wirklich passt:

Die Augen des Herrn sehen auff die Gerechten und seine Ohren auff ir schreien (Altes Testament, Ps. 34, 16 in der ursprünglichen Luther-Übersetzung).

Während bei Luther statt *sehen* für das zweite Präpositionalobjekt eigentlich *hören*, also ein ganz anderes Verb, gefordert wäre, arbeitet unser Eingangsbeispiel mit Verwendungsunterschieden des gleichen Verbs *nehmen*. Gerade die letztere Variante wird gern bemüht, um humoristische (und damit Aufmerksamkeit heischende) Wirkungen zu erzielen:

Ich führte das schöne Weib zu seinem Platz und ihre enttäuschte Miene auf mein Verhalten zurück (Werner Fink). – *Tom Smith nahm seinen Mantel, seinen Hut, seinen Abschied, keine Notiz von seinen Freunden, den Revolver aus der Tasche und sich das Leben* (Mark Twain). – *Lange lag Willi auf der faulen Haut, dann aber auf der Lauer, seinen Gläubigern in den Ohren und schließlich niemandem mehr am Herzen.*

78 Wenn man etwas lange aushält, wird man immer ärgerlicher
versus:
Was lange gärt, wird endlich Wut

Anspielung (Allusion)

Dass ein Mittelstürmer schon mal recht schlitzohrig sein muss, um Erfolg zu haben, ist nachzuvollziehen. Wer diesen Spieler deshalb als *mit allen Abwassern gewaschen* (so *BVB*-Stadionsprecher Norbert Dickel über Frank Mill) bezeichnet, hat eine Anspielung (Allusion) gemacht. Er spielt nämlich auf die Wendung *mit allen Wassern gewaschen* an.

In alternativen/bunten Fußball-Ligen wird die rhetorische Figur der Anspielung gern eingesetzt, wenn es um die Namensgebung der Mannschaften geht: *Juventus senil, Hinter Mailand* oder *Partisan Eifelstraße* etwa spielen auf die Großen des Metiers an. Eine doppelte Anspielung ergäbe sich, wenn sich *Lazio Koma* aus Anästhesisten rekrutierte. Bei *Boltzmännern* dürfte man vielleicht Chemiker oder Physiker erwarten (der Bolztmann-Konstante wegen) und zu Literaturwissenschaftlern passten *Satanische Fersen.*

Mit einer Anspielung unterlegt man einen Subtext. Verstehen kann nur, wer weiß, worauf die Anspielung anspielt: *Ich bin also, denke ich* (Werner Fink) etwa auf Descartes' *Cogito ergo sum* (Ich denke, also bin ich).

So erschließt sich die volle Bedeutung von Heinrich Heines ironisch verzweifeltem Seufzer *Ein Bild, ein Bild, mein Pferd für'n gutes Bild!* nur für den, der weiß, dass Heine damit auf *Ein Pferd, ein Pferd, ein Königreich für ein Pferd!* (Shakespeare, «Richard III.»)

anspielt. Der Subtext ist: Meine Verzweiflung darüber, dass mir kein gutes Bild einfällt, ist noch größer als die Richards III. in größter Todesangst. Denn: Ein Pferd wird wichtiger als ein Königreich, aber ein gutes Bild wird noch wichtiger als ein Pferd.

In eher philosophisch angehauchten Kreisen glänzt man gern mit: *Die Welt ist alles, was Verfall/Zerfall ist*, und der Eingeweihte erkennt darin «selbstverständlich» sogleich den Verweis auf den ersten Satz des «Tractatus logico-philosophicus» von Ludwig Wittgenstein: *Die Welt ist alles, was der Fall ist*. Je abgelegener das, worauf der Autor anspielt, desto elitärer der Zirkel der Eingeweihten. Da offenbart sich mitunter ein recht unappetitliches Maß an Eitelkeit. Nicht selten lesen wir Anspielungen zweiten, dritten oder gar höheren Grades, d. h., es wird auf etwas angespielt, was selbst schon Anspielung ist: *Die Welt ist alles, was Zerkall ist* (wenn jemand das Eifel-Örtchen Zerkall ganz, ganz lieb hat).

Da Informationstexte vor allem verstanden werden sollen, wird man auf Subtexte ganz verzichten, also auch auf das rhetorische Mittel der Anspielung. In narrativen, expressiven und persuasiven Texten kann man sie durchaus einsetzen, muss sich aber genau überlegen, von wem man verstanden werden will. Anspielungen auf allgemein übliche Wendungen und Redensarten machen kaum Verständnisprobleme:

Was lange gärt, wird endlich Wut. – Selbst der dümmste Bauer hat die Kartoffeln dick.

Auch *Freiheit statt Kapitalismus*, ein Wahlkampfslogan von Sahra Wagenknecht im Bundestagswahlkampf 2009, ist als Retourkutsche zum einstigen CDU-Slogan *Freiheit statt Sozialismus* leicht zu verstehen.

Allgemein übliche Wendungen zugrunde zu legen, ist allerdings, ehrlich gesagt, doch eine recht plumpe Art der Anspielung und Abwandlung. Gerade «satirisch» gemeinte Allusionen verharren oft in bloßer Albernheit, manche schaffen es allerdings schon bis ins Witzige (etwa, wenn der Name eines Chores mit *Ten Beers After* auf die einst berühmte Rockband *Ten Years After* anspielt).

Bisweilen liefert diese Art der Anspielung immerhin eine Notlösung für das oben geschilderte Problem Heines (und unendlich vieler anderer Schreiberlinge): Fällt einem nämlich kein Bild ein, kann man auf die schier unendliche Alltagsbildlichkeit zurückgreifen, auf Metaphern in Worten und Wendungen. Allerdings ist die

Bildlichkeit der Alltagsmetaphern doch arg abgegriffen und verblasst. Ob *Geizkragen, Gratwanderung, Schuss in den Ofen, den Gürtel enger schnallen* oder was auch immer: Man kennt und erfasst die Bedeutung, bevor das Bild in unserem Geiste konkret werden kann. Und da greift unsere Notlösung: Wir wandeln ab, erweitern vielleicht ein wenig, und schon gewinnt das Bild wieder Konturen: *Da muss nun auch die Toskana-Fraktion wohl oder übel den Armani-Gürtel enger schnallen.*

Ab und an muss man gar nicht abwandeln, sondern kann die Wendung wieder bildkräftig machen, wenn man sie nur in einen (un-)passenden Zusammenhang setzt: *Auch mit der Schwimmflügelproduktion war der Angeber schließlich baden gegangen.* Doch bitte: nur zur Not.

Indes: Auch mit dem meist schlichten Mittel der Anspielung kann man durchaus eine beeindruckende, der Schreibabsicht entsprechende Wirkung erzielen. Dies gelingt der tageszeitung (taz) in ihrer Ausgabe vom 1. August 1990 vortrefflich, als sie anlässlich des 65. Geburtstages von Ernst Jandl auf dessen Gedicht «lichtung» anspielt:

lichtung
manche meinen
lechts und rinks
kann man nicht velwechsern
werch ein illtum

Die taz zieht die Jandl'sche l-r-Vertauschung – konsequent und gnadenlos – auf der gesamten Titelseite durch, und so kommt es zu Schlagzeilen wie: *«Ex-LAFrel leden wie die Wasselfärre»* oder *«Dorral untelschleitet die Psychomalke».* Kann man sich tiefer verbeugen?

79 Manche Autoren haben inhaltlich nichts zu bieten und schreiben zudem auch noch schlecht
versus:
Es genügt nicht, keine Gedanken zu haben. Man muss auch unfähig sein, sie auszudrücken

Ironie

Eine Aussage wie *Ist ja gut, Ina; wir wissen doch alle, dass du die feinsinnigste, ausdrucksstärkste und begeisterndste Tänzerin des ganzen Ensembles, ach, was sage ich: der ganzen Hemisphäre bist* kann – das ahnen wir sofort – nicht wirklich ernst gemeint sein. Da muss es sich wohl um Ironie (von griech.: *eironeía* – geheuchelte Unwissenheit, Scheinheiligkeit, Verstellung) handeln. Da macht sich einer einen Spaß und tut nur so, als ob er das wirklich so meinte. Aber er tut so so, dass man merkt, dass er nur so tut.

Und man kann auf fast unendlich vielfältige Weise «so tun», d. h. ironisch sein: genervt seufzend (wie in unserem Beispiel), aber auch souverän gelassen, traurig, voller Zorn, schulmeisterlich belehrend oder bissig spöttisch:

Es genügt nicht, keine Gedanken zu haben. Man muss auch unfähig sein, sie auszudrücken (Karl Kraus).

Das Problem der Ironie liegt im Allgemeinen darin, sicherstellen zu können, dass dieses Nur-so-Tun als solches auch von den Lesern verstanden wird. Wenn der Autor seine Zielgruppe nicht richtig einschätzt, kann die Ironie leicht ins Leere laufen oder gar als ernsthafte Äußerung missverstanden werden. Gerade Journalisten wird gern geraten, die Finger zu lassen vom Stilmittel der Ironie. Wer allerdings einen gewissen Anspruch auf Könnerschaft entwickelt hat, wird gerade in der Schwierigkeit die Herausforderung sehen.

Zumindest in reinen Informationstexten bringt Ironie ganz selten etwas.

80 Die Adipose findet sich vor allem in den Unterordnungen der Salmonoidea und Siluroidea
versus:
Die Adipose findet sich vor allem in den Unterordnungen der Salmonoidea und Siluroidea; eine solche Fettflosse kann man zum Beispiel auch an der Bachforelle (Salmo trutte fario) sehr schön sehen

Beispiel

Nicht allein gegenüber dem Finanzamt sind Belege oft unerlässlich. Auch einer Argumentation dienen sie als überzeugende Unterfütterung. Die Belege einer Argumentation sind Beispiele. Dabei ist es zunächst einmal die Aufgabe des Autors, einen Zusammenhang zwischen dem Ausgeführten und dem Beispiel überhaupt herzustellen, also plausibel zu machen, warum das Beispiel ein Beispiel für das Ausgeführte ist, warum das Beispiel das Ausgeführte also belegen kann. Ein Satz wie *Die globale Finanzkrise ist ein weiteres Beispiel dafür, dass die Politik sich als immer unfähiger erweist, sogar interessenübergreifend als notwendig anerkannte Rahmenbedingungen durchzusetzen* mag manchem von uns schlicht evident erscheinen, dürfte aber dennoch ohne nähere Erläuterungen kaum als Beleg durchgehen. Man wollte schon wissen: Warum ist das ein Beispiel?

Allerdings hat das Beispiel nicht allein Beleg- bzw. Beweisfunktion, sondern als Zweites – möglicherweise sogar überwiegend – eine Veranschaulichungsfunktion. Es dient dazu, arg spröde, eher komplexe oder sehr abstrakte Sachverhalte durch ein einleuchtendes praktisches Beispiel zu veranschaulichen. Das praktische Beispiel hilft also (wie kaum etwas anderes), das arg Spröde, das eher Komplexe oder das sehr Abstrakte zu verstehen. Daher finden sich Beispiele naturgemäß besonders häufig in Informationstexten.

Als Drittes setzt ein Autor aber auch gern Beispiele ein, um einen vielleicht notwendig spröden Text zu schmücken, um – wenn angemessen – emotional zu bewegen, zu unterhalten, um mithin Aufmerksamkeit zu heischen.

Die zweite und die dritte Funktion des Beispiels machen diese Figur übrigens auch für ein Buch wie dieses schlicht unverzichtbar.

In allen drei Funktionen aber steht das Beispiel nie allein für sich selbst, sondern ist stets eine zusätzliche spezifischere Information zu etwas Allgemeinerem:

Die Adipose findet sich vor allem in den Unterordnungen der Salmonoidea und Siluroidea; eine solche Fettflosse kann man zum Beispiel auch an der Bachforelle (Salmo trutta fario) sehr schön sehen.

81 *Auch wenn es unpopulär ist: Die Hartz-IV-Sätze müssen runter, nicht rauf*
versus:
Ich konzediere Ihnen ja gern, dass es ohne einen generellen Mindestlohn nicht gehen wird. Wir müssen das Problem, dass zu arbeiten sich oft nicht lohnt, aber auch von unten angehen: Hartz IV zu beziehen muss unattraktiver werden, damit zu arbeiten attraktiver wird

Einräumung

Statt mit dem Kopf durch die Wand zu gehen, ist es ja in etlichen Fällen besser, an der Wand vorbeizugehen – zumindest für den Kopf. Diesem Prinzip folgt auch die dialektische Figur der Einräumung. Dabei gesteht der Autor seinem Kontrahenten zunächst einmal zu, dass der in einer bestimmten Sache durchaus richtig liege, um dann aber dennoch – oft umso schärfer – das herauszuarbeiten, was die Positionen unterscheidet:

Volk: [...] Zu Boden die altadligen Schurken, die dummstolzen Feiglinge! – Herr von Villeneuve: <u>Dumm, das mag sein – stolz sind wir gewiss</u> – Feiglinge aber zeugte Frankreichs Adel nimmer. (Christian Dietrich Grabbe, «Napoleon oder die hundert Tage»)

Andererseits kann ein Autor eine Einräumung auch dazu nutzen, sich selbst den Anstrich eines durchaus um Objektivität Bemühten zu geben. Indem er dem Gegner Zugeständnisse macht, stellt er sich selbst als jemanden dar, der beileibe nicht ideologisch oder sonst wie verblendet argumentiert, sondern als jemanden, dem es um die Sache selbst geht:

<u>Ich konzediere Ihnen ja gern</u>, dass es ohne einen generellen Min-

destlohn nicht gehen wird. *Wir müssen das Problem, dass zu arbei-*
ten sich oft nicht lohnt, aber auch von unten angehen: Hartz IV zu
beziehen muss unattraktiver werden, damit zu arbeiten attraktiver
wird.

Die Einräumung hat ihren Platz vor allem in argumentativen
Texten.

82 *Der Nachlass der Gottseligen war nicht einfach zu regeln*
versus:
Die Gottselige hat mir viel Schweinerei hinterlassen

Bathos

Im Leben folgen ja oft das Allerfeinsinnigste und das denkbar Ba-
nalste unmittelbar aufeinander. Auch in Texten kann ein Autor aus
Versehen (dann ist es ein Stilfehler) oder weil er Spaß daran hat
(dann ist es ein Stileffekt) Edles, Erhabenes oder auch nur Wichtiges
in völlig Plattes, Triviales umschlagen lassen:

Die Gottselige hat mir viel Schweinerei hinterlassen (Franz
Kafka, «Prosa aus dem Nachlass»). – *Die Bankräuber haben nicht*
nur das Bargeld der Kassen geraubt, sondern auch die Bankfächer
geplündert und dann auch noch meinen Kugelschreiber mitgehen
lassen.

Diese Figur eignet sich vor allem für persuasive und narrative
Texte ironischer, sarkastischer oder polemischer Natur.

83 Rhythmus-, Klang- und Kunstfiguren

«Dieser Rhythmus, dass jeder mitmuss, // diese Melodie vergisst
man nie», wusste schon Udo Lindenberg (im Song «Rudi Ratlos»).
Und dass Rhythmus zum Mitmachen animiert, Klang sich einprägt,
hat sich auch die Rhetorik zunutze gemacht. Rhythmusfiguren sollen den Leser mitreißen, einstimmen, Klangfiguren sollen Aufmerksamkeit heischen.

Kunstfiguren sind dagegen oft ganz schön raffiniert und auch ziemlich konstruiert, daher eignen sie sich nur für ganz bestimmte Texte.

Viele dieser Rhythmus-, Klang- und Kunstfiguren sind eher in der Belletristik heimisch, arbeiten sich aber immer wieder auch in Alltagstexte durch. Daher wollen wir einige – wenn auch nur kurz – hier vorstellen.

84 *Die Regierung ist untätig geblieben* versus: *Und was hat die Regierung unternommen? Nichts, gar nichts, überhaupt nichts*

Drillingsformel

Eine Rhythmusfigur, die außerhalb der Belletristik vielleicht in der Werbung Wirkung zeigen kann, ist die Drillingsformel (Trikolon) mit auf- oder absteigender Silbenzahl: *Friends, Romans, countrymen, lend me your ears* (William Shakespeare, «Julius Caesar»).

Eine Drillingsformel mit aufsteigender Silbenzahl öffnet, weckt Erwartung und ist daher zum Beispiel (wie im Shakespeare-Zitat) gut geeignet, eine Rede zu eröffnen oder den Leser auf weitere Erläuterungen einzustimmen:

Und was hat die Regierung unternommen? Das haben wir genauestens überprüft: Es ist schlicht nichts, gar nichts, überhaupt nichts.

Eine Drillingsformel mit absteigender Silbenzahl dagegen schließt ab, hat gern auch eine Art Basta-Effekt:

Quadratisch, praktisch, gut (Slogan für eine Schokoladenmarke).

85 Karl der Große schickte gelegentlich auch Gesandte an den oströmischen Hof
versus:
Kaiser Karl, der nimmer müde,// Seiner Lande wohl bedachte, // Sandt' auch einstmals einen Boten // Hin zum Hofe von Byzanz

Rhythmus

Natürlich kann man auch einen Text im Ganzen durchrhythmisieren, also in einem Versmaß, in festen Versfußfolgen, schreiben wie früher in Theaterstücken und Gedichten üblich:

Kaiser Karl, der nimmer müde, // Seiner Lande wohl bedachte, // Sandt' auch einstmals einen Boten // Hin zum Hofe von Byzanz (Paul von Winterfeld, «Der Franke in Byzanz»).

In Alltagstexten wird man damit in Liedern, Songs und Schlagern Wirkung erzielen. Ansonsten könnte man sich das allenfalls als ganz besonderen Gag (mit einer Allusion für Kenner, s. Punkt 78) in Werbetexten vorstellen:

Kaiser-Bier, das immer frische, // Seinen Kunden hochgenüsslich, // Bietet herrlich neuen Gusto // Hin zu edler Haute Cuisine.

86 Wenig begabte Wirtschaftsführer
versus:
Nieten in Nadelstreifen

Alliteration (Stabreim)

Die Alliteration (von lat.: *ad/an*, bei/(bis) zu und *littera* – Buchstabe), der Anlautreim oder Stabreim, ist in Journalismus und Werbung eine Figur des alltäglichen Geschäfts. Dabei wird der Anlaut mehrerer, oft auch unmittelbar aufeinanderfolgender Wörter gleich gewählt: *Nieten in Nadelstreifen* (Titel eines Buches von Günter Ogger), *Rudi Ratlos* (Udo Lindenberg).

Besonders häufig ist die Alliteration in Paarformeln: *mit Kind und Kegel, durch dick und dünn, Lust und Laune, Gift und Galle spucken, Ross und Reiter nennen,* oder: *Da hat heute Dumm gegen Doof gespielt»* (Jens Lehmann, Torwart). In solchen Paarformeln ist die Alliteration oft auch mit anderen Figuren verknüpft, z. B. einem Hendiadyoin (siehe Punkt 48).

Aber auch über den Satz verteilt wird sie eingesetzt:

In den <u>D</u>ünen, im <u>D</u>orf rasen <u>M</u>esser und <u>M</u>ord (Detlev von Liliencron, «Pidder Lüng»). – *<u>V</u>eni, <u>v</u>idi, <u>v</u>ici* (Gaius Julius Cäsar: Ich kam, ich sah, ich siegte). – *<u>M</u>ars <u>m</u>acht <u>m</u>obil, bei Arbeit, <u>S</u>port und <u>Sp</u>iel* (Werbeslogan).

87 *Bitte schnallen Sie sich stets an* versus: *Nicht ohne Gurt, Kurt!*

Reim

Der oben erwähnte Mars-Slogan weist darüber hinaus noch nach, dass auch der gute alte Reim gelegentlich noch zu Werbezwecken eingesetzt wird (allerdings oft in erbärmlich elender Qualität):

<u>Dornkaat</u> aus <u>Kornsaat</u>. – Wenn dir so viel Gutes <u>widerfährt</u>, das ist schon einen Asbach Uralt <u>wert</u>. – <u>Ehrmann</u> – keiner macht mich <u>mehr an</u>.

Oder eine ganze Serie von Sprüchen (eines Mobilfunkanbieters): *<u>Klönen</u> statt <u>löhnen</u>. <u>Sprechen</u> statt <u>blechen</u>. <u>Schwatzen</u> statt <u>latzen</u>.*

Wenn schon Reime, dann dürfen diese ruhig auch etwas pfiffiger sein. In anderen plakativen Textsorten wird ebenfalls gern mal gereimt:

Wer zweimal mit derselben <u>pennt</u>, gehört schon zum Establish<u>ment</u>. Nicht ohne <u>Gurt, Kurt!</u>

Anagramm (und Palindrom)

Anagramme (von griech.: *anágramma* – Buchstabenversetzung)
sind Wörter oder Wendungen, die dadurch entstanden sind, dass die
Buchstaben eines anderen Wortes (resp. einer anderen Wendung)
vertauscht worden sind.

Ein Standardbeispiel für die literarische Verwendung des Anagramms ist die rhetorische Frage des Pilatus: *Quid est veritas?* – Was
ist schon Wahrheit? (Neues Testament: Johannes 18, 38), aus der
durch Umstellung der Buchstaben die Antwort gebastelt wird: *Est
vir qui adest* – Die Wahrheit ist der Mann, der da vor Gericht steht.

Anagramme haben etwas kompliziert Gedrechseltes oder doch
zumindest was von einer anspruchsvolleren Laubsägearbeit. Zudem
lässt sich der Ursprung eines Anagramms nur schwerlich zurückver-
folgen. Daher wird man in Alltagstexten kaum mit Anagrammen arbeiten. Allerdings gibt es doch ein Terrain, auf dem sich Anagramme
nach wie vor sehr geländegängig zeigen, und das sind Pseudonyme
Künstlernamen. Denn Künstlernamen werden gelegentlich immer
noch gern aus den Buchstaben des Ursprungsnamens gewirkt:

> *[Theodiskus] Auslachers → Saul Ascher*
> *Arouet l[e] j[eune] → Voltaire* (mit u = v und j = i)
> *[Kurt W.] Marek → Ceram* (mit c = k)
> *[Hans Chaim] Mayer → [Jean] Améry*
> *Paul Antschel* (rumänisiert: *Ancel*) *→ Paul Celan*
> *Klaus Mackowiak → Lukas Wik MacOak.*

Seinen Roman «Lolita» signierte *Vladimir Nabokov* beziehungs-
reich mit *Vivian Darkbloom*.

Eine Sonderform des Anagramms ist das **Palindrom** (von griech.:
palíndromos – rückwärts laufend), bei dem ein Wort oder eine Wendung rückwärts gelesen wieder ein sinnvolles Wort (resp. eine sinn-
volle Wendung) ergibt:

> *ein → nie, die → Eid, Gras → Sarg, Regen → Neger*

Die strengere Anforderung an ein Palindrom ist, dass es um ein Wort oder eine Wendung handeln muss, die rückwärts gelesen genau dasselbe Wort resp. dieselbe Wendung ergibt. Solche Wortpalindrome sind etwa:

Otto, Anna, Rentner, Retsinakanister, Reliefpfeiler.

Aber auch Satzpalindrome sind zu finden:

Ein Neger mit Gazelle zagt im Regen nie. – Vitaler Nebel mit Sinn ist im Leben relativ. – Eine treue Familie bei Lima feuerte nie. – In girum imus nocte et consumimur igni (Wir treten bei Nacht in den Kreis und werden durch das Feuer verzehrt).

Selbst ganze Gedichte oder Erzählungen wurden schon in Palindromform konstruiert.

In Alltagstexten wird man allenfalls Wortpalindrome verwenden, zum Beispiel als Produkt- oder Firmennamen. Sie sind klanglich eingängig und auch optisch. Als Logo lassen sie sich gut gestalten:

Ata (Putzmittel), *Axa* (Versicherung), *Kik* (Ladenkette), *Maoam* (Kaubonbon), *Omo* (Waschmittel), *Uhu* (Kleber), *Viiv* (Spezifikation für Multimedia-PCs), *Xemex* (Uhrenmarke).

Satzpalindrome sinnvoll etwa in Werbekampagnen einzubauen dürfte ganz schön schwierig werden. Eines der seltenen Beispiele war die Werbekampagne für eine Rückfahrkamera, die unter dem nichtpalindromischen Slogan «Rückwärts genauso gut wie vorwärts» mit Satzpalindromen warb:

Lage Reliefpfeiler egal. – Was it a car or a cat I saw?

89 *Société Anonyme Belge d'Exploitation de la Navigation Aérienne* versus: *Sabena*

Akrostichon (Akronym), Mesostichon, Telestichon

Unter einem Akrostichon [von griech.: *akron* – Gipfel, Spitze und *stichos* – Vers) versteht man ein Gedicht oder allgemeiner einen Text, bei dem die Anfangsbuchstaben der Verse, Zeilen oder Strophen wiederum ein Wort oder einen Satz ergeben:

Beide stürmen rauf,
einer fällt zurück:
richtig wilder Lauf
gen des Himmels Glück. (Klaus Machowiak)
Das ergibt: *Berg*

God loved the world so much, that he gave his
only
son, so that all who believe in him, may not
perish, but have
eternal
life.
Das ergibt: *Gospel*

In Alltagstexten wird das Prinzip des Akrostichons sehr häufig zur Bildung von Namen und Kurzwörtern herangezogen, die man dann Akronyme nennt:

UNO – United Nations Organization
UNESCO – United Nations Educational, Scientific and Cultural Organization
NATO – North Atlantic Treaty Organization
Aids – acquired immune deficiency syndrome
Laser – light amplification by stimulated emission of radiation
Sabena – Société Anonyme Belge d'Exploitation de la Navigation Aérienne
TAP – Transportes Aéreos Portugueses

Sozusagen die umgekehrte Form des Akronyms ist das **Apronym.** Hier wird ein bereits vorhandenes Wort zu einem Akronym umgedeutet. Nicht nur die Werbung, auch staatliche und andere öffentliche Körperschaften nutzen diese Technik gern:

DAISY – Dynamisches Auskunfts- und Informationssystem
ELSTER – Elektronische Steuererklärung
ver.di – Vereinigte Dienstleistungsgewerkschaft

Unsere *AIDA* kennen wir ja schon (Punkt 44): *attention, interest, desire, action.*

In scherzhafter Weise werden bisweilen Akronyme umgedeutet oder auch Wörter als Akronyme gelesen, etwa:

TAP – Take another plane
Sabena – Such a bloody experience never again
PUMA – Probier unbedingt mal Adidas
Ehe – Errare humanum est (= Irren ist menschlich)

Dagegen werden **Mesostichon** (von griech.: *mésos* – Mitte und *stíchos* – Vers) und **Telestichon** (von griech.: *télos* – Ende, Ziel, Zweck und *stíchos* – Vers) wohl kaum in Alltagstexten auftreten. Sie funktionieren wie ein Akrostichon, nur dass beim Mesostichon die Buchstaben in der Mitte einen neuen Sinn ergeben und beim Telestichon die am Ende:

Wir stehen hier in dieser Nacht
und sagen uns, dass das nichts macht,
wenn Name euch in jedem Fall
die Köpfe wohl, ob Rauch, ob Schall,
schon wenden ließ; tja, gebt nur Acht. (Klaus Mackowiak)
Das ergibt: *Idiot.*

Haderlump ist mir so nah
und es tut so schrecklich wehe,
zum Verzweifeln ganz und gar,
geradezu ein Wahnsinnsschmerz,
wenn ich ihn zu selten sehe
oder ich Versuchung wähn. (Klaus Mackowiak)
Das ergibt: *Herzen.*

90 Parodie

Eine beliebte Textfigur, geeignet sowohl für persuasive Texte als auch für belletristische, ist die Parodie (von griech.: *parodía* – Nebengesang). Das Prinzip der Parodie: Man verändert einen vorhandenen Text in seiner äußeren Form so wenig wie möglich, erzielt dabei aber inhaltlich einen möglichst großen Unterschied, verkehrt vielleicht sogar die Aussage des ursprünglichen Textes in ihr Gegenteil. Dies geschieht in satirischer oder polemischer Absicht. Besonders gelungen ist eine Parodie, wenn der Autor mit einer möglichst kleinen Veränderung der äußeren Form eine möglichst große Veränderung des Inhalts erreicht.

Original	Parodie
Über allen Gipfeln *ist Ruh,* *in allen Wipfeln* *spürest du* *kaum einen Hauch.* *Die Vögelein schweigen im Walde.* *Warte nur, balde* *schweigest du auch.* (Johann Wolfgang von Goethe, «Ein Gleiches»)	*Über allen Gipfeln* *ist Rauch,* *in allen Wipfeln* *spürest du* *den schalen Hauch.* *Die Vögelein husten im Walde.* *Warte nur, balde* *hustest du auch.* (Klaus Mackowiak)
Alles Vergängliche *ist nur ein Gleichnis;* *das Unzulängliche,* *hier wird's Ereignis;* *das Unbeschreibliche,* *hier ist's getan;* *das Ewig-Weibliche* *zieht uns hinan.* (Johann Wolfgang von Goethe, «Faust» II)	*Das Unvergängliche* *ist nur dein Gleichnis!* *Gott der Verfängliche,* *ist Dichter-Erschleichnis …* *Weltrad, das rollende,* *streift Ziel auf Ziel:* *Not – nennt's der Grollende* *der Narr nennt's – Spiel …* *Welt-Spiel, das herrische,* *mischt Sein und Schein: -* *Das Ewig-Närrische* *mischt uns hinein!* (Friedrich Nietzsche, «Die fröhliche Wissenschaft»)

Damit eine Parodie funktioniert, muss der Autor natürlich sicher davon ausgehen können, dass das Original der angesprochenen Zielgruppe geläufig ist – sonst läuft die Parodie ins Leere. Adressatenorientheit ist hier also ganz besonders wichtig.

Im Gegensatz zur Parodie nimmt die Travestie (von franz.: *travesti* – verkleidet) nicht die äußere Form der Originals auf, sondern variiert ein der Zielgruppe bekanntes Thema:

Original

Die Wüste wächst:
Weh dem, der Wüsten birgt.
(Friedrich Nietzsche, «Also sprach Zarathustra»)

Travestie

Die Wüste stirbt (Nietzsche-Schmäh)

Mein Asparagus welkt verfallen,
mein Körper darbt, arg ausgedörrt.
Hat mich der Wahn in seinen Krallen?

Alles scheint – was mich verstört -
so trocken wie Humor und Rotwein:
Wie kann's hier nur so tot sein?
Da – von der Decke dies Gequietsche!
Und von oben, wie ich glaub',
rieselt Sand auf meinen Nietzsche
und aus meiner Nase Staub.

Schicksal, will's sein, dass du mich neckst,
mich lehrst, wie manches Wort noch wirkt?
Ich las es wohl: «Die Wüste wächst:
Weh dem, der Wüsten birgt.»
(Klaus Mackowiak)

Dass ein bekanntes Thema variiert wird, ist in Alltagstexten gang und gäbe, ohne dass etwa der Autor diese Figur der Travestie bewusst eingesetzt haben müsste.

Was wissen wir schon wirklich? Weil es so wenig ist, was wir wissen, ist zu wissen aber auch etwas recht Spannendes. Das fängt schon beim Verb *wissen* an. Denn *wissen* ist ein sogenanntes Präteritopräsentium, ein Verb mit Vergangenheitspräsens. Das heißt, das Verb hat im Präsens Formen, die andere Verben nur im Präteritum aufweisen. Üblich ist zum Beispiel für die 1.Person im Präsens die Endung *-e*: *ich küsse, ich singe*, für die 3. Person die Endung *-t: er/sie/es küsst, er/sie/es singt*. Aber *wissen* ist dort jeweils endungslos: *ich weiß, er/sie/es weiß*. Das entspricht den Präteritumformen der stark konjugierten Verben: *ich sang, er/sie/es sang, ich ging, er/sie/es ging*. Das Verb *wissen* hat also sein ursprüngliches Präsens verloren und die Lücke durch Präteritumformen gefüllt. Wieso? Nun, das Verb *wissen* geht auf die indogermanische Wurzel **ueid-* zurück, was so viel bedeutet wie *erblicken, sehen*. Mit anderen Worten: *ich weiß = ich sah*. Dem, was wir gesehen haben, vertrauen wir offensichtlich mehr, als dem, was wir nur vom Hörensagen kennen. Dem Auge eher als dem Ohr trauen wir wohl auch zu, komplexere Zusammenhänge «mit einem Blick» zu erfassen und vor allem strukturelle Ähnlichkeiten.

So versuchen wir auch, mit der Sprache zu malen, dem Leser Bilder anzubieten, um zum Beispiel einen Sachverhalt zu verdeutlichen.

Gute Bilder – und nur solche – sind daher für alle Texttypen ein Königsweg der Vermittlung. In informativen Texten veranschaulichen sie komplexe Zusammenhänge:

Ellbogengesellschaft, Konsumtempel, Arbeitsspeicher, Konjunkturflaute usw.

In persuasiven Texten können sie helfen zu überzeugen:

Wollen Sie weiter wie in der Steinzeit arbeiten?

In expressiven Texten können sie individuelle oder kollektive Erfahrungen transportieren oder neue Perspektiven vermitteln:

So stand sie nun da, Anne, das Herz in der Hand.

Und wie erzeugt man Bildliches? Auf ganz verschiedene Weisen. Einige seien im Folgenden vorgestellt:
- Vergleiche
- Bilder (Tropen)
  - Grenzverschiebungsbilder
  - Übertragungsbilder (Sprungtropen)

93 *Sie lächelte unschuldig*
versus:
Sie lächelte, als hätte sie nie lügen müssen

Vergleiche. Keine Standardvergleiche, keine hinkenden Vergleiche

Dass ein Bild etwas abbildet, ist einzusehen. Daher spielen bei jedem bildlichen Ausdruck zwei Elemente eine Rolle: das Original und das Bild. Hinzu kommt noch ein drittes Element und das ist die Strukturähnlichkeit von Original und Bild. Man nennt es das Tertium Comparationis (wörtlich: das Dritte des Vergleichs). In dem Standardbeispiel *Achill kämpft wie ein Löwe* ist *kämpfen* das Tertium Comparationis, Achill und der Löwe werden in Hinsicht auf die Art des Kämpfens verglichen.

Charakteristisch für einen Vergleich ist, dass die zwei konstitutiven Elemente Original und Bild stets im realen Text tatsächlich auch erscheinen, während das Tertium Comparationis gedanklich immer eine Rolle spielt, aber nur gelegentlich im Text realisiert ist. Ein derber Vergleich mit allen drei Elementen wäre etwa:

Der frisch rasierte Tourist   blutete   wie ein abgestochenes Schwein.
Original   Tertium Comparationis   Bild

Im Bezug auf das Bluten ähnelt also der Tourist dem Schwein. Und wie man sieht, kann man den Vergleich auch gut mit rhetorischen Figuren verbinden, hier etwa mit der Übertreibung (Hyperbel, s. Punkt 73).

Ein Vergleich mit nur zwei Elementen:

Im Stile eines durchgedrehten Kung-Fu-Kämpfers   knallte
Bild

*der übermotivierte Vorstopper den Rechtsaußen gegen die
Bandenwerbung.*
Original

Hier ist das Tertium Comparationis zwar nicht genannt, kann aber gedanklich erschlossen werden: Verglichen wird in Bezug auf die Art der Auseinandersetzung.

Da zwei Gegenstände in eine Beziehung gesetzt werden, braucht der Vergleich in der Regel – nicht immer – noch sprachliche Elemente, die dies leisten, etwa:

- *wie / im Stile / nach Art: Vielmehr war das eine ziemlich riskierte und unbehauste Abart dieser Betörung, aus Frost und Hitze gemischt wie das Befinden eines Febrilen oder wie ein Oktobertag in oberen Sphären* (Thomas Mann, «Der Zauberberg»)
- *als: ... und dann erst die neuen Gäste: schlimmer als deutsche und holländische Touristen beim Zank über Fußball*
- *als ob: Die Fontäne des Geysirs stieg so unaufhörlich höher, als ob sie Verbindung mit den Regenwolken aufnehmen wollte*
- *gleichsam/quasi: Diese Aufgabe ist quasi eine Rechnung mit einer Unbekannten zu viel*
- *ähneln/gleichen usw. [...] der Mann mit gewöhnlichem Wirklichkeitssinn gleicht einem Fisch, der nach der Angel schnappt und die Schnur nicht sieht [...]* (Robert Musil, «Der Mann ohne Eigenschaften»).

Ein Autor, der einen Vergleich als Stilmittel verwenden will, achtet vor allem auf drei Dinge:

1. Ob ein Vergleich gelungen ist oder nicht, hängt im Wesentlichen davon ab, ob die angebotene Strukturähnlichkeit zwischen Originalgegenstand und Bild auch hinreichend groß ist. Ist das nicht der Fall, überzeugt der Vergleich nicht, er hinkt. Also lieber nicht so etwas wie: *Für den Macho unserer Tage ist der Sportwagen genauso Potenzsymbol, wie es für den Cowboy das Pferd war.*

2. Da der Vergleich aus mindestens zwei, manchmal sogar drei Elementen besteht und auf sprachlicher Ebene häufig noch Verbindungselemente nötig hat, ist er ein recht aufwendiges Verfahren, Bildlichkeit zu erzeugen. Das steht der Tendenz der Gegenwartssprache zur Prägnanz etwas entgegen. So wird sich ein Autor heute eher auf wenige, dafür aber gelungene Vergleiche beschränken und diese möglichst kurz halten.

3. Wenn der Autor echte Stileffekte erzielen möchte, verzichtet er von vornherein auf Standardvergleiche wie: *... schlägt ein*

wie eine Bombe, ... wie angewurzelt dastehen, ... wie ein Tropfen auf den heißen Stein, ... wie bei Hempels unterm Sofa, ... als ob in China ein Sack Reis umfällt usw., sondern schöpft selbst welche (was auch das Mutigere ist, denn man muss halt schon sehr darauf achten, dass der selbst geschöpfte Vergleich nicht mit einer Gehbehinderung auf die Welt kommt, siehe Punkt 1).

Ist aber ein Vergleich gelungen, kann er das Gemeinte ungemein verstärken und leicht die Aufmerksamkeit des Lesers heischen – und das in allen Texttypen:

Sie lächelte, als hätte sie nie lügen müssen (Hermann-Josef Schüren, Romanmanuskript). – *Das wäre die schlechteste Regierung, seit Caligula sein Pferd zum Consul gemacht hat* (Walter Scheel seinerzeit über Rainer Barzels Versuch, Kanzler zu werden). – *Wir sind gekommen um zu bleiben wie ein perfekter Fleck* (aus dem Wir-sind-Helden-Schlager «Wir sind gekommen um zu bleiben»). – *Ein Dementi ist der Versuch, die Zahnpasta in die Tube zurückzudrücken. – Schwitzen ist, wenn Muskeln weinen* (Horst Evers).

94 Tropen

Anders als in Vergleichen erscheint in Tropen (von griech.; *tropé* – Wendung, Richtung) der ursprüngliche Gegenstand nicht mehr im Text, sondern nur das Bild. Das heißt: Die Strukturähnlichkeit zwischen gemeintem Gegenstand und Bild muss im jeweiligen Zusammenhang so stark sein, dass das Bild ganz allein deutlich werden lässt, was gemeint ist.

Je nachdem wie weit das Bild inhaltlich vom ursprünglichen Ausdruck entfernt ist, spricht man entweder von Grenzverschiebungstropen (Grenzverschiebungsbildern) oder von Sprungtropen (Übertragungsbildern). Bei **Grenzverschiebungstropen** wird der gemeinte Begriff durch einen anderen ersetzt, der inhaltlich noch eine nachvollziehbare Verbindung (z. B. eine Verengung oder Erweiterung) zum ursprünglich gemeinten hält; es liegt eine Bedeutungsähnlichkeit vor. Bei den **Sprungtropen** löst sich dagegen das Bild ganz vom ursprünglichen Begriff, der Zusammenhang wird dann allein durch die Strukturähnlichkeit hergestellt.

Einige dieser Tropen seien hier vorgestellt:
- Grenzverschiebungstropen
  - Umschreibung
  - Synekdoche
  - Metonymie
  - Litotes
- Sprungtropen (Übertragungsbilder)
  - Metapher
  - Allegorie
  - Personifizierung

95 *Yvonne Wenzel führte gleichermaßen versiert wie charmant durch das reichhaltige Programm des Literaturhauses. Yvonne Wenzel wusste nur zu gut, was sie ihren Zuschauern und Zuhörern bieten musste*
versus:
Yvonne Wenzel führte gleichermaßen versiert wie charmant durch das reichhaltige Programm des Literaturhauses. Die erfahrene Literaturagentin / Die Mitgründerin des renommierten Schaaner Verlages wusste nur zu gut, was sie ihren Zuschauern und Zuhörern bieten musste

Umschreibung (Paraphrase und Periphrase). Kein Paraphrasierungszwang

Dass Abwechselung erfreut, wussten nicht nur schon die alten – und wahrscheinlich auch die jüngeren – Lateiner: variatio delectat, nein, die Abwechselung ist auch stilistisch meist erwünscht. Und gerade bei einer Thema-Rhema-Progression mit durchlaufendem Thema (vgl. Punkt 15) wäre es schon ziemlich langweilig, wenn das Thema immer wieder mit dem/den genau gleichen Wort/Wörtern bezeichnet würde. Darum benutzt der Autor für ein Thema, das wiederholt auftritt, ganz gern eine Umschreibung. Das kennen wir nur zu gut:

Michael Schumacher hatte seinem Privatierdasein offenbar nicht nur Positives abgewinnen können. So heuerte der 41-Jährige / sie-

benfache Weltmeister / ehemalige Ferrari-Pilot / Kerpener schließ-
lich doch noch einmal bei einem Formel-1-Stall an.

Paraphrase und Periphrase sind solche Umschreibungen. Die beiden Begriffe werden häufig fast synonym verwendet. **Paraphrase** meint allgemeiner, etwas mit anderen Worten zu beschreiben. Bei der **Periphrase** dagegen wird etwas so beschrieben, dass das Wesentliche der Sache erfasst ist, oder so, dass aufgeführte Eigentümlichkeiten die Sache eindeutig identifizierbar machen. Beispiel:

Yvonne Wenzel führte gleichermaßen versiert wie charmant durch das reichhaltige Programm des Literaturhauses.

Paraphrase: *Die erfahrene Literaturagentin wusste nur zu gut, was sie ihren Zuschauern und Zuhörern bieten musste.*

Periphrase: *Die Mitgründerin des renommierten Schaaner Verlages wusste nur zu gut, was sie ihren Zuschauern und Zuhörern bieten musste.*

Die erfahrene Literaturagentin ist eine Spezifizierung, die ohne Weiteres auch für andere gelten könnte. Daher ist dieser Ausdruck als Paraphrase zu bezeichnen. *Die Mitgründerin des renommierten Schaaner Verlages* dagegen ist ein Ausdruck, der identifiziert, mithin eine Periphrase.

Was allerdings oft als lästig oder wenig unterhaltsam empfunden wird, sind Standardparaphrasen wie etwa in unserem Eingangsbeispiel zu Michael Schumacher. Wenn die Umschreibung keine wirklich neue Information liefert, ist es für den Leser meist angenehmer, gar keine geliefert zu bekommen. Ein Autor muss sich nicht unter einen Paraphrasierungszwang setzen lassen. Schließlich tut es auch schon mal ein schlichtes Pronomen:

So heuerte er/der schließlich doch noch einmal bei einem Formel-1-Stall an.

96 *Resi Niedermeier ist der dominierende Teil in dieser Ehe*
versus:
Resi Niedermeier hat die Lederhosen an

Synekdoche. Keine Standardsynekdochen

Es gibt ja diese sich ungemein überlegen gebenden Menschen, die einem gern mal raten, eine Sache doch nicht so eng zu sehen. Aus stilistischer Sicht sicher ein zweifelhafter Rat: Kommt es doch, will man einen Stileffekt erzielen, stets darauf an, sich vom Normalen, Erwartbaren kalkuliert etwas zu entfernen, also zum Beispiel mal eine Sache etwas enger zu sehen, ein andermal dafür etwas weiter. Das ist mit der Synekdoche (von griech.: *synekdoche* – das Mitverstehen) geradezu zum Prinzip erhoben. Denn hier wird der Originalgegenstand dadurch verfremdet, dass er mit einem Begriff bezeichnet wird, der entweder einen kleineren Bedeutungsumfang hat: *über achtzig Winter zählen* statt *über achtzig Jahre alt sein*

oder einen größeren: *dieses blöde Vieh* statt *dieser blöde Esel*.

Dies erlaubt, Konnotationen, die der engere bzw. der weitere Begriff evozieren, mit dem eigentlich gemeinten Gegenstand zu verbinden: Es geht etwas vom engeren bzw. weiteren Begriff auf den eigentlich gemeinten Gegenstand über. Wer *Winter* statt *Jahr* sagt, ruft etwa die Konnotation hervor, dass der Winter das Härtere im Jahr ist, also schwerer zu überleben, und betont dadurch stärker als mit *Jahr* die Schwierigkeit des Älterwerdens, die Leistung vielleicht, die darin liegt.

Und das Schöne wie Schwierige bei Konnotationen: Sie haben etwas Allgemeines (wie wohl jeder mit *Hund* so etwas wie *Treue* konnotiert), aber sie haben auch etwas Individuelles, etwas, das bei jedem Leser anders ist. Wer also eine gute Synekdoche verwendet, überlässt viel der Phantasie seiner Leser. Und gerade das kann einen starken Effekt haben. Denn was der Autor – geschickt – nur nahelegt, wird sich der Leser oft so vorstellen, wie's für ihn am einsichtigsten, überzeugendsten oder schönsten ist. Was kann ein Autor mehr wollen?

Solche Bedeutungserweiterungen/-verengungen können rein begrifflich sein, z. B. von Art auf Gattung und umgekehrt oder auch zahlenmäßig, z. B. vom Einzelnen auf viel und umgekehrt oder, oder, oder. Einige Standardbeispiele:

Verengung	Erweiterung
Gattung auf Art:	Art auf Gattung:
Unser tägliches Brot (= Ernährung) *gib uns heute* (das Vaterunser).	*Dieses zähe Federvieh* (= Huhn) *erwärmt sich in der Pfanne nie.*
Ganzes auf Teil (Pars pro Toto):	Teil auf Ganzes:
Der ganze Stamm mochte nicht mehr als 60 Köpfe (= Menschen) *zählen.*	*Irland* (= die einzelnen wahlberechtigten Iren) *hat der europäischen Verfassung die Zustimmung zunächst verweigert.*
Mehrzahl auf Einzahl:	Einzahl auf Mehrzahl:
Der gemeine Aachener, der «Öcher» (= die Aachener), *kann auch durchaus recht derb sein.*	*Diese feinsinnige Dialektik ist uns* (mir, dem Autor [Pluralis Modestiae]) *nicht entgangen.*

Unser Sprachschatz bietet unzählige solcher Standardsynekdochen in Worten und Wendungen an, die sich in allen Texttypen und Textsorten finden lassen:

genug Wasser unter dem Kiel haben, die Hosen anhaben, die Beine unter meinen Tisch stellen, unter Deutschlands Dächern etc.

In ihrer Verwendung ist der Muttersprachler gewöhnlich sehr sicher und wird kaum mal eine Stilblüte produzieren. Der Autor ist also auf einer vergleichsweise sicheren Seite, wenn er solche Standardbilder einsetzt. Da aber die Bildlichkeit bei Standardsynekdochen meist schon arg verblasst ist, wird er auch keinen Stileffekt damit erzielen. Das heißt: Um einen Stileffekt zu erzielen, bleibt dem Autor nichts anders übrig, als Synekdochen selbst zu kreieren. Ein gewagtes Unterfangen: Die Stilblüte droht. Aber wenn es gelingt, kann viel an Konnotation transportiert und der Leser trefflich unterhalten werden. Wer wagt, gewinnt – oder verliert.

97 Elke Zurhelle zauberte eine Bestzeit nach der anderen auf die Rennstrecke
versus:
Elke Zurhelle zauberte eine Bestzeit nach der anderen auf den Asphalt

Metonymie. Keine Standardmetonymien

Auch die Metonymie (von griech.: *metonymia* – Umbenennung) zählt wie die Synekdoche zur uneigentlichen Rede, zum Anderssagen. Und wie bei der Synekdoche besteht auch bei der Metonymie eine Beziehung zwischen eigentlichem Gegenstand und Bild. Während es sich bei der Synekdoche jedoch um eine begriffliche bzw. numerische Beziehung handelt, ist es bei der Metonymie eine reale Beziehung wie die zwischen Ursache und Wirkung, Stoff und Produkt, Autor und Werk, Gefäß und Inhalt usw. Allerdings ist die Abgrenzung von Synekdoche und Metonymie manchmal schwierig bis willkürlich.

Ein Gegenstand wird also nicht direkt genannt, sondern auf seine Ursache, seinen Verursacher, seine Herkunft oder Ähnliches zurückgeführt, etwa:

Und wie hat Ihnen denn der neue Nendza gefallen? Statt: *Wie hat Ihnen denn das neue Buch von Jürgen Nendza gefallen?*

Natürlich gewährt auch die Metonymie durch die Zurückführung auf Ursache, Verursacher, Herkunft u.a. die Möglichkeit, eine Reihe neuer Konnotationen, Nebenbedeutungen, zu vermitteln, die der eigentliche Gegenstand nicht oder nicht so stark vermittelt. Bei der Rückführung auf den Verursacher kann man zudem dem Gesagten etwas Menschliches, Persönliches verleihen.

Wie bei allen bildhaften Ausdrücken gilt auch hier, dass neue Bilder die eindrücklichsten sind, dass Standardmetonymien meist stilneutral sind, jedoch keinen Stileffekt haben. Und einige Standardmetonymien werden von vielen Lesern oft als geradezu «nervig» empfunden. Man denke an Ersetzungen wie *Pentagon* für das amerikanische Verteidigungsministerium, *Berlin* (früher: *Bonn*) für die deutsche Regierung, *Kreml* für die russische usw. Das spricht nicht gegen die Metonymie an sich. Wenn sie einfallsreich geschöpft ist, kann sie informativ, überzeugend, unterhaltend, Aufmerksamkeit heischend sein.

Hier einige typische Metonymien, darunter einige Standardmetonymien:

Wirkung ersetzt Ursache:

Und was ist der Preis dafür, dass sie über Jahre die chemische
Muskelkraft (= Anabolika) *sackweise gelöffelt hat?*

Da fährt Frau Mancuso diesen rund gesteckten Riesenslalom doch
um einiges zu laut (= sie kantet zu sehr, was man hört).

Ursache ersetzt Wirkung:

Hüten Sie Ihre Zunge (= Rede; Zunge als deren Ursache), *Frau*
Brand.

Fähigkeit/Werk ersetzt Autor:

Auch die geballte versicherungsmathematische Rechenkunst
(= Versicherungsmathematiker) *konnte letztlich keine befriedi-*
gende Risikoberechnung für Atomkraftwerke liefern.

Autor ersetzt Fähigkeit/Werk:

Diesen Kaurismäki (= Film von Aki Kaurismäki) *kannte unser*
Kritiker überraschenderweise noch gar nicht.

Gefäß ersetzt Stoff:

Her mit den Strohhalmen, lasst uns noch einen Eimer (= Sangria)
reinziehn!

Ort ersetzt Institution:

Brüssel und Straßburg (= die Verantwortlichen der EU) *fordern*
drastische Sparmaßnahmen von Griechenlands Regierung.

Ort ersetzt Gegenstand:

Und hier noch einen schönen Gruß aus Solingen (= Messer, zyni-
sche Bemerkung des Helden einer Krimiserie, als er einen Schurken – selbstredend in höchster Notwehr – ersticht)!

Stoff ersetzt Produkt:

Elke Zurhelle zauberte eine Bestzeit nach der anderen auf den
Asphalt (= die Straße, die Rennstrecke).

98 *Wir wollen Sie keineswegs aufhalten* versus: *Wir möchten von nun an auf Ihre Anwesenheit verzichten*

Litotes. Keine Leisetreter-Litotes

Mancher sagt manchmal manches, was das Gegenteil vom dem ist, was er wirklich meint. Dafür mag es Gründe geben. Aber manchmal sagt jemand auch das Gegenteil von dem, was er meint, und negiert das sogleich. Das ist eine sogenannte Litotes: *Gar nicht übel, diese Rochade jetzt.*

Die Litotes (von griech.: *litótes* – Sparsamkeit, Zurückhaltung) drückt etwas durch sein negiertes Gegenteil aus oder durch eine doppelte Verneinung. Das hört sich kompliziert an, ist aber ganz einfach. Zunächst das negierte Gegenteil: Jemand hält z. B. etwas für langweilig. Er schreibt das aber nicht einfach so hin, sondern verwendet dessen Gegenteil *kurzweilig* und verneint es: *Die Laudatio war nicht kurzweilig.* Sehr häufig wird das Gegenteil dann auch noch eingeschränkt: *Die Laudatio war jetzt nicht so wahnsinnig kurzweilig.* Nun bedeutet aber *nicht kurzweilig* durchaus nicht genau das Gleiche wie *langweilig.* Das liegt daran, dass zwischen dem Gegensatzpaar *langweilig – kurzweilig* noch eine Menge liegen kann, was weder langweilig noch kurzweilig ist. Zwischen *kurzweilig* und *nicht kurzweilig* und zwischen *langweilig* und *nicht langweilig* hat aber rein gar nichts mehr Platz.

langweilig →|← *weder langweilig noch kurzweilig* →|← *kurzweilig*
langweilig →|←   *nicht langweilig*
            nicht kurzweilig   →|← *kurzweilig*

Das heißt, das verneinte Gegenteil, hier: *nicht kurzweilig*, hat einen weitaus größeren Begriffsumfang als das Original, hier: *langweilig.* Eindeutig ist zwar, dass das Urteil *kurzweilig* ausgeschlossen ist, aber das heißt noch lange nicht, dass deshalb *langweilig* das gemeinte Urteil ist, es heißt nur: Die Laudatio war langweilig oder irgendetwas zwischen langweilig und kurzweilig. Das kann dreierlei bedeuten. Erstens: Der Autor ist im Urteil hart, drückt es aber ironisch – und damit vielleicht noch härter aus. Zweitens: Der Autor drückt sich höflich aus. Drittens: Da das Urteil weniger eindeutig ist, macht sich der Autor schwerer angreifbar. In der letzten Version ist die Litotes eine Trope für Angsthasen und Leisetreter, die zudem durch das Unkonkrete der Aussagen leicht einen gewissen Gähnreiz bei ihren Lesern/Zuhörern hervorruft. Vielleicht erfreut sich die Litotes in dieser Ausführung deshalb auch bei manchem Politiker so außerordentlicher Beliebtheit? *Unsere Fraktion hat sich nicht mit Unbedingtheit gegen Mindestlöhne ausgesprochen.* Aber wohl auch nicht «mit Unbedingtheit» dafür, oder? Man weiß es nicht …

Oft allerdings wird die Litotes ironisch verwendet. Dann schwächt sie nicht ab, im Gegenteil, eine Verstärkung der Aussage ist die Folge: *Wir wollen Sie keineswegs aufhalten* = Wir möchten von nun an auf Ihre Anwesenheit verzichten.

Bei der doppelten Verneinung wird nicht das Gegenteil negiert, sondern die Negierung: *Das ist gar nicht mal so unübel.* Dabei wird der Begriffsumfang im Gegensatz zur Negation des Gegenteils nicht erweitert, sondern er bleibt genau gleich:

wohl	→|←	*weder wohl noch übel*	→|←	*übel*
	unübel		→|←	*übel*
wohl	→|←		*unwohl*	
	unübel		→|←*nicht unübel*	

Allerdings: Schon einfach verneinte Aussagen (Negationen) sind viel schwerer zu verstehen als positive: Der Durchschnittsmensch benötigt angeblich 48 % mehr Zeit, um eine verneinte Aussage zu verstehen als eine positive. Bei der doppelten Verneinung verabschieden sich die meisten Leser schon, was das Verstehenkönnen angeht:

Wir wollen nicht unbedingt keine Missverständnisse vermeiden. – Im Lager der Koalitionsparteien breitet sich bereits Erleichterung über den missglückten Fehlstart des Kandidaten aus (Süddeutsche Zeitung). *– Die Verneinung ist nichts weniger als kein unlösbares Problem* (Wolf Schneider).

Autoren, die ohne Schwierigkeiten verstanden werden wollen, werden einfache Negationen mit Vorsicht verwenden und doppelte eher vermeiden. Die doppelte Verneinung bleibt damit eher ironischer Schreibweise vorbehalten.

99 *Wenn bei Spurverringerungen immer abwechselnd ein Fahrzeug der einen und eines der anderen Spur auf die verbleibende Spur einlenkt, verbessert das den Verkehrsfluss nachweislich*
versus:
Das Reißverschlusssystem verbessert den Verkehrsfluss nachweislich

Metapher. Tote und abgegriffene Metaphern meiden

Mancherlei erscheint uns etwas fremd, unverständlich, zu abstrakt, zu ausdrucksschwach, dann erklären wir uns das mit einem bildreicheren, lebensvolleren Ausdruck – mit einer Metapher (von griech.: *metapherein* – hinübertragen). Unsere Sprache ist ein übervolles Reservoir solcher metaphorischer, also im übertragenen Sinn gebrauchter Ausdrücke: *an die Decke gehen* statt *sich aufregen, auf den Hund kommen* statt *wirtschaftlich und sozial abfallen, ein Lied davon singen können* statt *in der Lage sein, über schlechte Erfahrungen zu berichten* usw.

Wir verwenden jeden Tag Unmengen verschiedenartiger Metaphern. Das können Wort-Metaphern sein, z. B.

Substantive: *Kurskosmetik, Wolkenkratzer, Handschuh, Spargeltarzan* usw.

Adjektive: *leinwand/leiwand* (österreichisch), *ätzend, trocken[er Humor], blind[er Eifer]* usw.,

Verben: *kürzertreten, sitzen bleiben* (in der Schule), *flöten gehen* usw.

Aber auch ganze Satzglieder können metaphorisch sein, z. B. Phrasen mit Genitivattributen (Beifügungen im Genitiv):

des Wahnsinns fette Beute, die Blumen des Bösen usw.

oder auch Sätze:

Das geht auf keine Kuhhaut. – Hier steppt der Bär! – Warum denn gleich an die Decke gehen?

Die Metapher zählt zu den Sprungtropen (Übertragungsbildern), d. h., das Bildliche macht allein durch eine *Struktur*ähnlichkeit den Bezug zum eigentlich Gemeinten klar – ohne dass wie bei den Verschiebungstropen eine *Bedeutungs*ähnlichkeit, z. B. eine Verengung oder Erweiterung, mit dem eigentlichen Gegenstand vorläge:

Eine fette Wolkennutte räkelte graue Schultern hinter den Abend-
wäldern (Arno Schmidt).

Die Metapher lebt davon, dass der Autor sie so geschickt in einen
Zusammenhang einwirkt, dass dem Leser unmittelbar deutlich
wird, in welchem Aspekt der Metapher die Strukturähnlichkeit
zum eigentlichen Wort, zur eigentlichen Wendung liegt. Der Kontext aktualisiert also den Teilaspekt eines Wortes oder einer Wendung, der die Analogie auf das eigentliche Wort, die eigentliche
Wendung möglich macht.

Stilistisch interessant ist die Unterscheidung zwischen lexikalisierten und produktiven Metaphern. Lexikalisiert nennt man Metaphern, die in den allgemeinen Sprachgebrauch so eingegangen sind
(und daher auch in Lexika zu finden sind), dass deren Bildlichkeit in
der Regel gar nicht mehr wahrgenommen wird:

Meilenstein (= richtungweisendes Ereignis/Werk), *Kindergar-*
ten, Wirtschaftsflaute, Handschuh, Strömungen (gesellschaftliche,
politische usw.), *höflich, hintergehen, sich treiben lassen, ausloten*
(z. B. die Stimmung, die Machtverhältnisse usw.), *durchdrehen* (=
die Beherrschung verlieren) usw.

Man spricht dann auch von toten Metaphern. Von abgegriffenen
Metaphern dagegen ist die Rede, wenn sie noch nicht lexikalisiert,
also noch nicht ganz tot sind, aber die Bildlichkeit durch zu häufi-
gen Gebrauch schon sehr gelitten hat. Das gilt vor allem für meta-
phorische Wendungen: *die Rechnung ohne den Wirt machen, einen*
Strich durch die Rechnung machen, Ross und Reiter nennen, auf den
Plan treten usw.

Produktive Metaphern dagegen evozieren wirklich im Leser eine
Vorstellung, lassen bei ihm ein Bild entstehen, das eine Analogie
(Strukturähnlichkeit) zum eigentlich Gemeinten zum Ausdruck
bringt. Das kann der Verständlichkeit dienen, wenn die Art, die
Struktur eines neuen Gegenstandes auf die eines bekannten bezogen
wird:

Das <u>Reißverschluss</u>system verbessert den Verkehrsfluss nachweis-
lich.

Eine solche Analogie kann aber nicht nur verwendet werden, um
etwas verständlicher zu machen, sondern auch um bestimmte Konnotationen, Nebenbedeutungen, Bilder zu evozieren:

[…] *und die Abwässer der Worte sickerten pausenlos aus den*
Mundsielen (Arno Schmidt).

Das gelingt nicht mehr mit toten und meist nicht mehr mit abgegriffenen Metaphern. Also wird der Autor selbst ein bisschen schöpferisch tätig werden. Wer das wagt, kann selbstverständlich auch scheitern. Abgegriffene Metaphern können den Leser genauso ermüden, wie Schmuckmetaphern, bloße Sprachgirlanden, ihn verärgern können:

Kreisky wollte eine heilige Kuh schlachten, hat aber versehentlich ein Sparschwein erwischt und in ein Wespennest gestochen (Süddeutsche Zeitung).

Empfehlen kann man also zweierlei:

- Genauso vorsichtig umgehen mit toten und abgegriffenen Metaphern wie mit allzu kühnen.
- Metaphern nicht als bloßen Schmuck einsetzen, sondern dosiert, nur für Gegenstände, die einer Metapher bedürfen (weil sie verständlich gemacht oder mit Konnotationen angereichert werden wollen).
- Metaphern sehr gut durchdenken, damit sie auch treffen.

Eine nicht treffende Metapher ist schlechter als keine Metapher.

Die Metapher kann ein Stilmittel mit außerordentlich starker Wirkung sein – und eventuell mit starker unerwünschter Nebenwirkung: Sie ist also ein riskantes Mittel.

Metaphern können leicht zu gewagt geraten. Wenn etwa die Metapher vom Leser nur noch mühsam auf das eigentlich Gemeinte bezogen werden kann, wenn sie – um eine ziemlich abgegriffene Metapher zu benutzen – an den Haaren herbeigezogen ist:

Meistens ruht die Inkarnation des Gilbs (statt: Löwe) *traumselig unter einem der wenigen Schatten spendenden Bäume der Savanne.*

Oder wenn sie für einen eher bescheidenen Gegenstand zu überdreht konstruiert ist:

Gierig sog das Lämmchen aus der Zitze das Flüssigkeit gewordene weiße Leben (statt: die Milch).

Ungewollte Komik ist nicht selten die Folge von schief geratenen Metaphern oder gar echten Bildbrüchen (**Katachresen**, von griech.: *katáchresis* – Missbrauch). Schief ist ein Filmtitel wie *Leichen pflasterten seinen Weg*, weil einem das da beschriebene Pflastermaterial doch unfunktional weich erscheinen will. Allerdings: Es gibt heiklere Schieflagen und auch mehr oder weniger glatte Brüche:

Wer sich nicht dem Zug der Zeit anpasst, wird auf der Strecke bleiben.

Ein Bild aus der Jagdsprache (*die Strecke)* und eines aus dem Verkehrswesen (*der Zug)* werden da unglücklich kombiniert. Denn das Wort *Strecke* ist sowohl im Jagdwesen als auch im Verkehrswesen verankert, freilich mit jeweils ganz unterschiedlicher Bedeutung, und das beißt sich schon sehr. Zudem ist für das Zug-der-Zeit-Bild *anpassen* eher unpassend. Was wäre passender? Nun, dass man dem Zug der Zeit folgt, wäre passender, dass man ihm hinterherhetzt, auf ihn aufspringt, ihn verpasst oder Ähnliches. Und wenn es heißt: *Über 1100 Verkehrstote sprechen eine deutliche Sprache*, dann kann einem ja direkt unheimlich werden.

Ein Bildbruch lässt sich gelegentlich auch bewusst einsetzen, meist wohl komisch oder ironisch:

Lasst uns von Tonne zu Tonne eilen, // wir wollen dem Müll eine Abfuhr erteilen (Heinz Erhardt).

Und der Lungenkrebs reibt sich vergnügt die Scheren.

Das Tröstliche: Der Autor hat im Schriftlichen deutlich mehr Zeit für seine Äußerungen als im Mündlichen. Er hat nicht nur die Zeit, treffende Bilder zu suchen, er hat auch die Zeit, allzu Gewagtes, Schiefes oder gar Brechendes herauszufiltern.

Metaphern eigen sich für Textsorten und Zielgruppen aller Art. Da gibt es keine Einschränkungen, solange Qualität und Angemessenheit gewahrt sind. Sind sie gewahrt, ja dann kann eine Metapher tatsächlich als «Reitersprung der Phantasie» (Frederico Garcia Lorca) gelten.

100 Allegorie

Metaphern fallen – metaphorisch gesprochen bzw. geschrieben – aus dem Rahmen. Denn Metaphern verschwendet man nicht für Nebenkriegsschauplätze, sondern reserviert sie für wenige herausragende Stellen. Das heißt: So schnell man in der Metapher drin ist, so schnell ist man auch wieder draußen. Das ist ganz anders bei der Allegorie (von griech.: *allegoria* – das Anderssprechen), zumindest in einer Lesart. Denn der Begriff Allegorie wurde über die Jahrhunderte (Jahrtausende) ganz unterschiedlich verwendet. Zum einen wurde/wird er verstanden als eine fortgesetzte Metapher, manchmal ein fortgesetzter Vergleich. Bei einer Allegorie ist ein größerer Textabschnitt bildhaft gestaltet, und zwar durchgehend im gleichen Bildfeld. Eine umfassendere Vorstellung wird in einem komplexen Bild veranschaulicht, beispielsweise, wenn der Staat als Schiff dargestellt wird, das von verantwortungsbewussten Kapitänen und Steuerleuten durch allerlei Stürme, Klippen und Untiefen manövriert wird. Als erweiterte Form einer Allegorie können die biblischen Gleichnisse des Neuen Testamentes angesehen werden.

Aus dem Alltag kennen wir diese kleinen Wortspiel-Allegorien, die durch einen Vergleich eingeleitet werden: *Das Leben ist wie eine Brille. Man macht viel durch.*

In Politikerreden kann man gelegentlich noch kleine Allegorien finden. Im Allgemeinen wird ein über längere Passagen aufrecht erhaltenes Bild eher als angestrengt künstlich empfunden. Daher wird man Allegorien in der Regel ganz selten einsetzen und wirklich nur dann, wenn eine zündende Idee wie von selbst zum Steppenbrand einer Allegorie wird. Denn gekonnt gestrickte Allegorien haben schon etwas sehr Unterhaltsames:

Ein Buch, wenn es zugeklappt daliegt, ist ein gebundenes, schlafendes, harmloses Tierchen, welches keinem was zuleide tut. Wer es nicht aufweckt, den gähnt es nicht an; wer ihm die Nase nicht grad zwischen die Kiefer steckt, den beißt es auch nicht (Wilhelm Busch).

Die Kirche hat einen guten Magen, hat ganze Länder aufgefressen und doch noch nie sich übergessen; die Kirch' allein, meine lieben Frauen, kann ungerechtes Gut verdauen (Johann Wolfgang von Goethe, «Faust»).

Gebildete Menschen haben eine Bibliothek. Sie haben Kasten und Schränke voll geistiger Nahrung. Schweres und Leichtes, Süßes und Saures, Hausbrot und Delikatessen. Der Gebildete ist in dieser Beziehung ein Vielfraß und hamstert, hamstert mehr als er verschlingen kann. Durch die literarische Küche aller Nationen und aller Zeiten schmatzt er sich durch; er würde an dem vielen Zeug ersticken, wäre nicht das Vergessen, dieser segensvolle Schlusseffekt aller Hirnperistaltik (Alfred Polgar, «Bücher»).

In einer anderen Lesart versteht man unter einer Allegorie schlicht die bildliche Darstellung, meist die Personifizierung (vgl. Punkt 101) eines abstrakten Begriffes, einer Idee. So gilt etwa *Justizia*, stets mit verbundenen Augen und einer Waage in der Hand dargestellt, als

Verkörperung, als Sinnbild der Gerechtigkeit; der *Sensemann* steht für den Tod. Ein anderes Beispiel:

Herr Irrtum, wollt er an Wahrheit sich schließen,
das sollte Frau Wahrheit baß verdrießen
(Johann Wolfgang von Goethe, «West-Östlicher Diwan»).

101 ***Aus Angst, vielleicht abzusteigen, spielten die Ale-***
mannen wie gelähmt
versus:
Die Angst vorm Abstieg spielte mit und war
unter allen Alemannen noch am einsatz-
freudigsten

Personifizierung

Personifizierungen gehören zu den alltäglichsten Bildern überhaupt, werden freilich oft gar nicht als Personifizierungen wahrgenommen. Im Grunde nämlich handelt es sich schon um Personifizierungen, wenn wir Gremien, Institutionen, Staaten usw. Leistungen zusprechen, die eigentlich nur von Menschen vollzogen werden können, etwa:

Die Europäische Union spricht sich für eine Unterstützung Griechenlands aus.

Was aber nicht mehr als Besonderheit wahrgenommen wird, kann natürlich auch nicht als Stilmittel eingesetzt werden. Da ist die Verlebendigung von Materie schon eine deutlichere Form von Personifizierung:

Der Berg ruft – aber wohl nichts umwerfend Interessantes. Denn: Der Abgrund gähnt. Immerhin: Die Sonne lacht. Nur der Donner grollt.

Auch Abstrakta können als Personen auftreten. Ein gern verwendeter Standard aus dem Sportjournalismus: *Die Angst vorm Abstieg spielte mit.*

Selbst wenn hier die Personifizierung recht abgegriffen ist, darf man wohl davon ausgehen, dass bei den meisten Lesern noch ein Rest von Bildlichkeit evoziert wird. Abgedroschene Personifikationen erzielen aber in der Regel kaum noch Stileffekte. Allenfalls hat ein Autor noch die Möglichkeit, eine abgegriffene Personifizierung ins Groteske steigern, um die verblasste Bildlichkeit wieder aufzufrischen:

Die Angst vorm Abstieg spielte mit und war unter allen Alemannen noch am einsatzfreudigsten.

Ansonsten ist wie immer Erfindungsreichtum gefragt.

Literatur

Achten, Willi (2008): *Die florentinische Krankheit.* Köln.

Ahlke, Karola / Hinkel, Jutta (2000): *Sprache und Stil.* Konstanz.

Aristoteles (1922): *Topik* (Deutsch von Eugen Rolfes). Hamburg.

Brecht, Bertolt (1982): *Gesammelte Werke.* 20 Bände. Frankfurt am Main.

Bremerich-Vos, Albert (1991): *Populäre rhetorische Ratgeber.* Tübingen.

Brinker, Klaus (2006): *Linguistische Textanalyse. Eine Einführung in Grundbegriffe und Methoden.* 6. Auflage. Berlin.

Busch, Wilhelm (1982): *Sämtliche Werke.* 2 Bände. Hg. von Rolf Hochhuth. München.

Cicero, Marcus Tullius: *Reden gegen Verres.* I-VI. Stuttgart.

Duden (2010): *Briefe und E-Mails gut und richtig schreiben.* Mannheim.

Duden, Bd. 2 (2001): *Das Stilwörterbuch.* 8., völlig neu bearbeitete Auflage. Mannheim.

Duden, Bd. 9 (2007): *Richtiges und gutes Deutsch.* 6., vollständig überarbeitete Auflage. Mannheim.

Eco, Umberto (1972): *Einführung in die Semiotik.* München.

Eisenberg, Peter (1999): *Grundriß der deutschen Grammatik. Der Satz.* Stuttgart/Weimar.

Engst, Judith (2010): *Professionelles Bewerben.* Mannheim.

Erhardt, Heinz (1974): *Das große Heinz Erhardt Buch.* Reinbek bei Hamburg.

Eroms, Hans-Werner (2008): *Stil und Stilistik.* Berlin.

Fix, Ulla (2008): *Ansprüche an einen guten (?) Text.* In: aptum. Zeitschrift für Sprachkritik und Sprachkultur, 01/2008. Hg. von Jürgen Schiewe und Martin Wengeler. Bremen.

Glunk, Fritz R. (1994): *Schreib-Art. Eine Stilkunde.* München.

Goethe, Johann Wolfgang von (2005): *Werke. Hamburger Ausgabe.* 14 Bände. München.

Göttert, Karl-Heinz / Jungen, Oliver (2004): *Einführung in die Stilistik.* München.

Grabbe, Christian Dietrich (1986): *Napoleon oder die hundert Tage.* Ditzingen.

Harjung, J. Dominik (2000): *Lexikon der Sprachkunst. Die rhetorischen Stilformen. Mit über 1000 Beispielen.* München.

Hasenclever, Walter (1992–1997): *Sämtliche Werke.* Bde. I-V. Hg. von Bernd Witte und Dieter Breuer. Mainz.

Heringer, Hans Jürgen (1989): *Grammatik und Stil.* Frankfurt am Main.

Hermann, Judith (2000): *Sommerhaus, später.* Frankfurt am Main.

Herweg, Marlies / Schmitt-Ackermann, Sylvia (Hg.) (2007): *Passende Worte im Trauerfall. Trauertexte stilsicher formulieren*. Mannheim.

Herweg, Marlies / Schmitt-Ackermann, Sylvia (Hg.) (2008): *Der Deutsch-Knigge. Sicher formulieren. Sicher kommunizieren. Sicher auftreten.* Mannheim.

Heydebrand, Renate von / Winko, Simone (1996): *Einführung in die Wertung von Literatur*. Paderborn.

Hirsch, Eike Christian (2004): *Gnadenlos gut. Ausflüge in das neue Deutsch.* München.

Hölderlin, Johann Christian Friedrich (1969): *Werke und Briefe*. Frankfurt am Main.

Kafka, Franz (2004): *Das Werk*. Frankfurt am Main.

Kaufmann, Stephanie (2010): *Das richtige Arbeitszeugnis*. Mannheim.

Keller, Rudi (1994): *Sprachwandel. Von der unsichtbaren Hand in der Sprache*. Tübingen/Basel.

Kipp, Janne Jörg (2010): *Erfolgreich online bewerben*. Mannheim.

Knörr, Evelyn (Hg.) (2008): *Im Zweifel für den Genitiv. Die meistgestellten Fragen an die Dudenredaktion*. Mannheim.

Langer, Inghard / Schulz von Thun, Friedemann / Tausch, Reinhard (2002): *Sich verständlich ausdrücken*. München.

Lausberg, Heinrich (2008): *Handbuch der literarischen Rhetorik*. 4. Auflage. Stuttgart.

Lehmanski, Dirk / Braun, Michael (Hg.) (2008): *Das Schreibbuch*. Waltrop.

Ludwig, Martin H. (1995): *Praktische Rhetorik*. Hollfeld.

Macheiner, Judith (1991): *Das grammatische Varieté*. Frankfurt am Main.

Mackowiak, Klaus (1998): *Deutsch. Gut und treffend formulieren*. Augsburg.

Mackowiak, Klaus (1999): *Grammatik ohne Grauen*. München.

Mackowiak, Klaus (2008): *Die 101 häufigsten Fehler im Deutschen*. 3., aktualisierte, neu bearbeitete und erweiterte Auflage. München.

Mackowiak, Klaus (2008a): *Macken und Marotten. Was tun eigentlich Korrektoren, Redakteure und Lektoren?* In: Dirk Lehmanski und Michael Braun (Hg.) (2008): *Das Schreibbuch*. Waltrop.

Mann, Thomas (1991): Der Zauberberg. Frankfurt am Main.

Mittelstraß, Jürgen (Hg.) (1995/1996): *Enzyklopädie Philosophie und Wissenschaftstheorie*. 4 Bände. Stuttgart.

Musil, Robert (1978): *Gesammelte Werke*. Bd. 1. Reinbek bei Hamburg.

Nowag, Werner / Schalkowski, Edmund (1998): *Kommentar und Glosse*. Konstanz.

Penzoldt, Ernst (1966): *Glück und Geheimnis des ersten Satzes*. In: Karlheinz Daniels (Hg.): *Über die Sprache. Erfahrungen und Erkenntnisse deutscher Dichter und Schriftsteller des 20. Jahrhunderts*. Bremen. 384–388.

Polgar, Alfred (1984): *Kleine Schriften.* Hg. von Marcel Reich-Ranicki und Ulrich Weinzierl. Reinbek bei Hamburg.

Püschel, Ulrich (2000): *Wie schreibt man gutes Deutsch?* Mannheim.

Regener, Sven (2001): *Herr Lehmann.* Frankfurt am Main.

Sanders, Willy (1992): *Sprachkritikastereien und was der Fachler dazu sagt.* Darmstadt.

Sanders, Willy (1996): *Gutes Deutsch – besseres Deutsch.* Darmstadt.

Sanders, Willy (2000): *Was die Wörter uns verraten.* München.

Sanders, Willy (2002): *Gutes Deutsch.* München.

Sandig, Barbara (2006): *Textstilistik des Deutschen.* 2., völlig neu bearbeitete und erweiterte Auflage. Berlin / New York.

Schlobinski, Peter (2009): *Von hdl bis dubidodo. (K)ein Wörterbuch zur SMS.* Mannheim.

Schlüter, Hermann (1974/1994): *Grundkurs der Rhetorik.* München.

Schmidt, Arno (1993): *Werke.* Bargfelder Ausgabe. Frankfurt am Main.

Schmitz, Ulrich (2005): *Sprache in modernen Medien.* Berlin.

Schneider, Wolf (1986): *Deutsch für Profis.* München.

Schneider, Wolf (1994): *Deutsch fürs Leben. Was die Schule zu lehren vergaß.* Reinbek bei Hamburg.

Schneider, Wolf (1996): *Deutsch für Kenner.* München.

Schneider, Wolf / Paul-Josef Raue (1999): *Handbuch des Journalismus.* Reinbek bei Hamburg.

Schüttpelz, Erhard (1996): *Figuren der Rede. Zur Theorie der rhetorischen Figuren.* Berlin.

Shakespeare, William (2007): *Sämtliche Werke.* Frankfurt am Main.

Sommerfeldt, Karl Ernst (Hg.) (1988): *Entwicklungstendenzen in der deutschen Gegenwartssprache.* Leipzig.

Sowinowski, Bernhard (1991): *Stilistik.* Stuttgart.

Tacitus (2009): *Agricola – Germania.* 2., verbesserte Auflage. Düsseldorf.

Ueding, Gert (1996): *Rhetorik des Schreibens.* Weinheim.

Ueding, Gert (2000): *Moderne Rhetorik.* München.

Zimmer, Dieter E. (1998): *Deutsch und anders. Die Sprache im Modernisierungsfieber.* Reinbek bei Hamburg.

Zeitschriften

aptum. Zeitschrift für Sprachkritik und Sprachkultur. Hg. von Jürgen Schiewe und Martin Wengeler. Dr. Ute Hempen Verlag. Bremen.

Digitale Medien (CD-ROMs und DVDs)

Die digitale Bibliothek der deutschen Lyrik. Frankfurt am Main 2003.

Karl Kraus (2007): *Die Fackel*. Volltextausgabe und komplette Reproduktion der Originalseiten aller 922 Ausgaben (1899–1936). Digitale Bibliothek. Berlin.

Kompetenzzentrum für elektronische Erschließungs- und Publikationsverfahren in den Geisteswissenschaften an der Universität Trier / Berlin-Brandenburgische Akademie der Wissenschaften (Hg.) (2004): *Der digitale Grimm. Deutsches Wörterbuch von Jacob und Wilhelm Grimm*. Frankfurt am Main.

Internet

Basislexikon (FernUni Hagen), literaturwissenschaftliche Terminologie, Figurenlehre und Stilistik: www.fernuni-hagen.de/EUROL/termini/welcome.html?page=/EUROL/termini/3220.htm

Deutsche Akademie für Sprache und Dichtung: http://www.deutscheakademie.de

DUDEN-Newsletter (14-täglich): zu beziehen über www.duden.de/deutsche_sprache/sprachberatung/newsletter/

Gesellschaft für Angewandte Linguistik, Textlinguistik und Stilistik: http://www.gal-ev.de/textlinguistik-und-stilistik.html

Klaus Mackowiak: www.klaus-mackowiak.de

LiGo Literaturwissenschaftliche Grundbegriffe online, Rhetorik und Stilistik: www.li-go.de/definitionsansicht/rhetorik.html

Wortschatz Universität Leipzig: http://wortschatz.uni-leipzig.de

Aus dem Verlagsprogramm

Literatur und Sprache in der Beck'schen Reihe

Klaus Mackowiak
Die 101 häufigsten Fehler im Deutschen
und wie man sie vermeidet
3., aktualisierte, neu bearbeitete und erweiterte Auflage. 2008.
224 Seiten. Paperback
Beck'sche Reihe Band 1667

Klaus Mackowiak
Grammatik ohne Grauen
Keine Angst vor richtigem Deutsch!
1999. 241 Seiten. Paperback
Beck'sche Reihe Band 1286

Matías Martínez, Michael Scheffel (Hrsg.)
Klassiker der modernen Literaturtheorie
Von Sigmund Freud bis Judith Butler
2010. 416 Seiten. Paperback
Beck'sche Reihe Band 1822

Jürgen Trabant
Was ist Sprache?
2008. 320 Seiten. Paperback
Beck'sche Reihe Band 1844

Sven Siedenberg
Lost in Laberland
Neuer Unsinn in der deutschen Sprache
2010. 160 Seiten. Paperback
Beck'sche Reihe Band 1969

«101 Fragen» in der Beck'schen Reihe

Christof Mauch
Die 101 wichtigsten Fragen – Amerikanische Geschichte
2008. 176 Seiten mit 10 Vignetten. Paperback
Beck'sche Reihe Band 1772

Stefan Rebenich
Die 101 wichtigsten Fragen - Antike
2., durchgesehene Auflage. 2008. 160 Seiten
mit 12 Abbildungen und 2 Karten. Paperback
Beck'sche Reihe Band 1689

Edgar Wolfrum
Die 101 wichtigsten Fragen – Bundesrepublik Deutschland
2009. 152 Seiten. Paperback
Beck'sche Reihe Band 7018

Ilko-Sascha Kowalczuk
Die 101 wichtigsten Fragen – DDR
2009. 159 Seiten mit 9 Abbildungen. Paperback
Beck'sche Reihe Band 7020

Wolfgang Benz
Die 101 wichtigsten Fragen – Das Dritte Reich
2. Auflage. 2007. 144 Seiten. Paperback
Beck'sche Reihe Band 1701

«101 Fragen» in der Beck'schen Reihe

Hans Ulrich Schmid
Die 101 wichtigsten Fragen: Deutsche Sprache
2010. 159 Seiten mit 5 Abbildungen. Paperback
Beck'sche Reihe Band 7030

Gero von Wilpert
Die 101 wichtigsten Fragen – Goethe
2007. 166 Seiten mit 11 Abbildungen. Paperback
Beck'sche Reihe Band 1754

Gero von Wilpert
Die 101 wichtigsten Fragen – Schiller
2009. 158 Seiten mit 11 Abbildungen. Paperback
Beck'sche Reihe Band 7017

Albert von Schirnding
Die 101 wichtigsten Fragen – Thomas Mann
2008. 144 Seiten mit 12 Abbildungen. Broschiert
Beck'sche Reihe Band 1865

Ulrich Sinn
Die 101 wichtigsten Fragen – Antike Kunst
2007. 160 Seiten mit 32 Abbildungen. Paperback
Beck'sche Reihe Band 1777